일러두기

이 책에 사용된 사진과 그림은 출처 및 저작권을 확인해 정상적인 절차를 밟아 사용했습니다. 출처와 저작권자를 밝혀야 하는 사진은 가장 마지막 면에 정리돼 있습니다.

세상을 바꾼 그들의 사랑_ 01

철학자의 연애

초판 1쇄 인쇄 _ 2015년 3월 9일
초판 1쇄 발행 _ 2015년 3월 20일

지은이 _ 김선희, 박승억, 유원기, 이광모, 이왕주, 최훈

펴낸곳 _ 바이북스
펴낸이 _ 윤옥초
기획·책임편집 _ 도은숙
편집팀 _ 김태윤, 이현숙
책임디자인 _ 이민영
디자인팀 _ 이정은, 김미란

ISBN _ 978-89-92467-95-7 04080
       978-89-92467-94-0 (세트)

등록 _ 2005. 7. 12 | 제 313-2005-000148호

서울시 영등포구 선유로49길 23, 1005호(양평동4가, 선유도역2차 아이에스비즈타워)
편집 02)333-0812 | 마케팅 02)333-9077 | 팩스 02)333-9960
이메일 postmaster@bybooks.co.kr
홈페이지 www.bybooks.co.kr

책값은 뒤표지에 있습니다.

책으로 아름다운 세상을 만듭니다.
독자들이 반기는 벗 ― 바이북스

세상을 바꾼 그들의 사랑_ 01

철학자의
연애

김선희
박승억
유원기
이광모
이왕주
최 훈

바이북스
ByBooks

이 책을 읽기 전에

남자끼리 만나면 무슨 이야기를 할까? 결국은 여자 얘기다. 여자끼리 만나면 어떤 대화를 나눌까? 역시 남자 얘기다. 물론, 연애 대상과 대화 주제가 반드시 이성인 것은 아니다. 사람의 인생에 큰 영향을 끼치는 요인은 당대 역사, 타고난 재능과 외모, 성장 배경 등 아주 다양하기 때문에 저마다 다른 화젯거리가 있을 수밖에 없다. 하지만 그 가운데 연애를 빼놓고 누군가의 일생을 제대로 이야기할 수 있을까? 연애란 단지 앞에서 열거한 항목에 영향을 받는 하위 항목인지도 모르지만 때로 하위 항목이 상위 항목을 떠올리지도 못하게 할 만큼 큰소리를 내기도 한다.

시리즈 〈세상을 바꾼 그들의 사랑〉은 이런 생각에서 출발했다. 보통 사람의 일생에 가장 강력한 영향을 끼치는 것이 연애라면 인문, 사회, 과학, 예술 등의 분야에서 탁월한 업적을 남긴 사람에게도 마찬가지일 테다. 그들도 세상에 널리 알려지기 전에는 보통 사람이었으며, 사랑은 빈부귀천·남녀노소를 가리지 않고 집요하게 파고드는 불가항력의 감정이기 때문이다. 물론 특별히 이들의 연애사에 관심을 기울이게 된 데는 비범한 사람의 연애라면 보통 사람의 연애와는 다른 '한 끗'이 있으리라는 기대도 있었다. 예상은 적중했다.

소설가 보부아르는 철학자 사르트르가 '작업 멘트'로 날린 "자유, 글쓰는 삶, 제도 밖의 사랑"에 경도되어 그와 함께 평생 이 세 가지를 격정적으로 실천했다. 철학자 니체는 정신분석학자 살로메에게 실연당한 뒤 불후의 걸작 《차라투스트라는 이렇게 말했다》를 써내며 마지막 연인 '운명'과 조우했다. 뿐인가. 예수회 사제였던 카를 라너는 소설가 루이제 린저를 만나 이미 급진적이었던 자신의 사상을 더욱 발전시켜나갔고, 과학자 아인슈타인은 스위스 취리히 공과대학 동급생이자 부인인 밀레바 마리치의 공헌으로 자신을 세기의 과학자 반열에 올린 세 가지 발견(상대성 이론, 광전 효과, 브라운 운동)을 이루어냈다. 심지어 악마의 현신이라 불려도 과하지 않을 히틀러조차 죽음 직전에 한 일이 에파 브라운과의 결혼식 거행이었다.

이에 〈세상을 바꾼 그들의 사랑〉은 인류의 지성사·정치사·예술사를 이끌었던 이들이 남긴 자취의 공과를 '연애'라는 아주 사적이고 내밀한 사건을 중심으로 들여다볼 것이다. 또한 동서고금 인간에게 지대한 힘을 발휘하는 연애란 무엇인지 생각해보는 계기도 제공한다

다만, 100명이 연애하면 100가지 연애 이야기가 나온다는 누군가의

말처럼 이 연애 사건을 한 사람의 시선으로 풀어내는 것은 독자의 시야를 좁히는 결과를 낳으리라는 우려가 있었다. 분야별로 권을 나누어 이야기를 전개하되, 한 분야를 6인 이상의 저자가 각기 다른 인물을 선택해 풀어나갈 것이다. 또한 인류의 역사가 오랫동안 남성 중심으로 이루어져 온 탓에 각 분야의 권위자는 대개 남성이라는 한계가 있었다. 이러한 가운데에서도 빛을 발했던 여성의 이야기도 최대한 담아낼 것이다.

〈세상을 바꾼 그들의 사랑〉이 들려주는 연애 이야기, 그 이야기를 중심으로 전개되는 각 분야의 지식을 접하며 어렵게만 여겼던 철학, 종교, 정치, 과학 등에 한 발짝 다가가게 된다면 좋겠다. 더불어 이 책을 통해 자신이 해왔거나, 하고 있거나, 앞으로 할 그리고 분명히 인생의 전환점인 연애에 대해 자신만의 고유한 관점을 갖추게 된다면 더없이 좋겠다.

−바이북스 편집부

차례

사 르 트 르 & 보 부 아 르

"
사르트르는 어느 여성에게 '필'이 꽂히면 어떤
식으로든 결판을 내야 했다. 필은 수시로 꽂혔
고, 숱한 결판의 역사가 때로는 희극적으로 때
로는 비극적으로 이어졌다. 가는 곳마다, 하는
일마다 그런 역사로 점철되었다.

보부아르도 만만치 않았다. 생의 말년에 이르기
까지 보부아르 주위에 매혹적인 연하 남자 혹은
여자의 자취가 사라져본 적이 없다. 연인의 친
구는 말할 것도 없고, 때로는 연인의 제자 심지
어 제자의 애인도 보부아르의 상대가 되었다.

사랑에 빠진 세기의 연인 사르트르와 보부아르,
그들은 도대체 어떤 인간이었나, 그들의 사랑
을 정말 사랑이라고 부를 수 있기나 할까, 혹 그
저 성도착자에 지나지 않았던 두 사람에게 세상
이 놀아난 것은 아닌가, 우리의 지적 허영을 자
극하는 저 실존주의라는 그럴듯한 허울에 감쪽
같이 속아서 세상 모두가 통째로 둘에게 당하고
만 것은 아닌가.
"

chapter 01

Sartre & Beauvoir

트리오의
실존사랑 _{이왕주}

글쓴이 **이왕주**

—

부산대학교에서 학문의 경계를 허무는 다채로운 장르의 강의를 이끌고 있다. 에드워드 사이드류의 '싱그런 아마추어'를 자처하는 저자는 그동안 철학, 문학, 미학, 예술, 영화학 등을 유목적·전방위적으로 횡단하면서 여러 권의 저술을 집필해왔다. 대표작으로는 《철학, 영화를 캐스팅하다》, 《소설 속의 철학》, 《쾌락의 옹호》 등이 있다.

—

•첫 만남

사촌 자크가 여고생 보부아르^{Simone de Beauvoir, 1908~1986}의 첫사랑이었다.
막 사귀기 시작한 '남친' 르네 마외^{René Maheu, 1905~1975}에게도 이 사실을
고백했던 터였다. 그러나 르네 마외를 만나면서 저 서글픈 첫사랑의 기
억은 여명의 어둠처럼 사라져갔다. 르네 마외를 처음 만나고 왔던 날 보
부아르는 일기에 이렇게 적었다. "내게 그토록 강렬한 인상을 남긴 사람
이 또 있던가? 왜 나는 이 만남에 이렇게 압도되는 것일까. 마치 뭔가 중
요한 일이 비로소 내게 일어날 것 같은 느낌이다"(헤이젤 로울리, 《보부아
르와 사르트르 천국에서 지옥까지》, 해냄, 2006, 32쪽. 이하 BS로 생략함).

　1929년 7월 8일 무더운 여름, 파리. 보부아르는 르네 마외의 팔짱을
끼고 그의 친구가 머무는 남자 기숙사를 방문했다. 그곳을 함께 책을
읽고 토론할 스터디 장소로 정했기 때문이다. 문을 두드렸을 때 나타난
마외의 친구는 여자인 자신보다 머리통 하나만큼이나 키가 작은 작달

막하고 못생긴 아이였다. 그 못생긴 얼굴에 까만 뿔테 안경까지 꼈고, 설상가상으로 안경 너머의 눈마저 기형적인 사시였다. 소문으로만 듣던 사르트르Jean-Paul Sartre, 1905~1980를, 보부아르가 처음 개인적으로 대면하는 순간이었다. 파리의 명문고 에콜 노르말 쉬페리외르(고등 사범 학교)에 재학 중이던 사르트르가 천재라는 것은 익히 남친 마외에게 들었던 터였다.

다른 동기생과 함께 쓰고 있는 그 방은 책, 필기구, 옷가지 등이 너저분하게 흩어져 있는 데다 환기가 잘 되지 않아 담배 냄새 등 거북한 냄새가 코를 찔렀다. 독서 모임 장소로서는 최악이었다. 방문객을 편히 맞이할 조건부터 제대로 갖춰지지 않았다. 하나 있는 좁은 책상의 다리는 계속 삐꺽거리고 의자조차 둘뿐이어서 누군가는 침대 한 귀퉁이에 옹색하게 걸터앉아야 했다.

환경 탓이었는지 이 첫 만남에서 보부아르가 사르트르에게 받은 인상은 그다지 특별한 점이 없었다. 친구들이 들고 있는 수첩 색깔 같은 시시콜콜한 사실까지 기록하던 그녀의 일기장에는 르네 마외와 처음 만나고서 기록했던 저 비상한 언어, 가령 '뭔가 중요한 일' 같은 구절은 낌새도 보이지 않았다. 보부아르가 사르트르에게 느꼈던 호감은 그날의 주제 '라이프니츠의 형이상학'에 대한 사르트르의 날카로운 촌평과 간간이 던지는 재기 발랄한 언어 정도가 전부였다. 이마저도 오랜 시간이 지난 뒤 보부아르의 회고담에서 나온 얘기였다.

사르트르를 연구하는 사람 누구도 이들의 첫 만남에 주목하지 않는다. 이 세 사람을 둘러싼 사랑에 구태여 관심을 기울인다면 깊어져갔던 보부아르와 르네 마외와의 사랑에나 눈길을 던질 것이다. 실제로 보부아르가 르네 마외와 첫 섹스를 나눈 것은 사르트르와 인사를 트고선 약석 달 뒤였다. 스물한 살의 보부아르는 르네 마외와 함께 자신의 순결을 해제한다. 그녀는 그 날짜와 장소를 정확히 기록해두었다. '1929년 10월 14일 파리 뎅페르로슈 가街 플라타너스가 늘어선 조망으로 트인 노란색 벽지의 5층 방'. 하지만 뜻밖에도 사실을 확인하는 건조한 어휘 몇 마디가 전부였다. '뭔가 중요한 일'의 촉발자가 마외일 것이라 짚었던 자신의 판단이 틀렸음을 직감했던 탓이었을까. 관련 기록을 잘 들여다보면 첫 만남 이후 사르트르는 용의주도하게 보부아르와 르네 마외 사이로 비집고 들어서려 한다. 이 주제넘은 시도는 꽤 성공한 듯하다. 그것이 비록 아그레가시옹(교사 자격 국가 고사) 대비용 스터디 그룹을 구성한다는 허울 좋은 명분 덕이기는 했지만.

어쨌든 보부아르의 일기에 기록된 르네 마외와의 첫 만남과 사르트르와의 첫 만남은 달랐다. 물론 남겨진 기록만으로 모든 것을 판단할 수는 없다. 그렇다면 르네 마외와의 첫 만남에서 기록한 '마치 뭔가 중요한 일이 비로소 내게 일어날 것 같은 느낌'은 어찌된 것인가. 이 게임을 지켜보는 필드 바깥 관망자 입장에서 볼 때, 이 직감은 틀리지 않았다. 정말 중요한, 너무도 중요한 일이 그녀에게 마침내 일어나고 말 테니까. 이런 단서는 덧붙여야 하리라. '르네 마외에 의해서'가 아니라 '르네 마외를 통해서'라고. 보부아르의 사랑은 르네 마외를 통해서 나타난 다른

시몬 드 보부아르의 초상. 연인 마외를 통해 사르트르를 만난 뒤 "이것이 바로 내가 기다리던 삶이다"라고 일기를 쓴다.

한 사람에 의해 나머지 생애를 극적으로 파란만장하게 보내게 된다. 당연히 그녀는 압도당하는 느낌을 받아야 했고, 뭔가 중요한 일이 일어날 듯한 예감에 사로잡혀야 마땅했다. 하지만 당시에는 보부아르·사르트르·마외 누구도 이 첫 만남에서 앞으로 전개될 반세기의 문명사적 사랑, 세기적 연애의 기미를 짚어내지는 못했다.

첫 만남이 트리오였다는 것, 이것은 너무도 평범하고 사소해 보인다. 가령 이런 문장들이 무엇이 특별한단 말인가. '보부아르는 마외와 함께 사르트르를 만났다' '사르트르는 마외와 더불어 보부아르를 대면했다'. 하지만 이 평범한 문장이 얼마나 비범한 맥락에서 나왔는지는 장차 밝혀진다. 트리오를 이룬다는 것, 이것은 마치 그들이 만나는 데에 필수 조건과 같았다. 한번은 이런 적도 있었다. 사르트르가 마외 없이 보부아르에게 단독으로 만나자고 프러포즈했다. 보부아르는 내키지 않으면서도 어정쩡하게 그러자고 응답했다. 그러나 막상 약속 시간이 다가오자 그 만남이 못내 부담스러워졌다. 고민 끝에 여동생을 시켜서 펑크 내기로 한다. 약속 장소는 사람들로 꽤 붐비는 카페였다. 여동생이 언니더러 그 사람을 내가 어떻게 알아내야 하냐고 묻자 보부아르의 답은 간단했다. '무조건 그 카페에서 가장 못생긴 남자'를 짚으면 된다는 것이다. 어느 누구도 그 이상 더 못생기기는 불가능할 거라며. 동생은 언니의 말을 따랐고, 미션은 착오 없이 실행되었다.

트리오로 시작된 첫 만남. 앞으로 반세기 동안 전개될 사르트르·보부아르 커플의 기나긴 사랑의 역사에서 되짚어보면 필경 이것은 어떤 운명의 상징이었다. 그 뒤 두 사람이 서로 사랑하고, 또 각각 다른 상대들과 사랑에 빠져 숱한 만남과 헤어짐을 반복하는 상황에서조차 단둘이 만나는 일은 거의 없었다. 즉 '오늘은 혼자 보부아르가 사르트르를 만났다' '그때는 사르트르가 아무도 몰래 X를 만났다'고 서술되는 상황은 없다시피 했다. 둘은 언제나 상징 기표로서의 '르네 마외' 같은 제3자를 경유해서 상대에게 다가서고, 상대와 사랑에 빠져들었다.

이것은 분명 별난 연애 방식이다. 이 상황을 이해하려면 정신분석학 이론이나 심리학 도구 같은 좀 더 정교한 장치가 필요할지 모른다. 하지만 여기서는 우리만의 툴로 풀어보자. 이 별난 방식을 '트리오의 실존사랑'이라 불러보는 것이다. 사르트르와 보부아르에게 사랑이란 평생에 걸쳐서 이 다채로운 트리오의 실존사랑을 그려나가는 과정에 지나지 않았다. 이 맥락을 놓치면 그들의 사랑은 아예 이해 불가능한 만행이나 도착적 기행으로 굴러떨어지고 말 것이다.

·동화 버전과 현실 버전

외모로만 판단한다면 둘은 필경 '미녀와 야수'였다. 그러나 미녀와 야수 이야기가 늘 그렇듯이 야수의 겉모습 안에는 숨겨진 비범한 실제가 있고, 그것은 오직 사랑하는 한 사람의 눈에만 보이게 되어 있다. 이를테면 야수 속에는 왕자나 영웅의 얼굴이 숨어 있게 마련이다. 미녀가 야수에 끌리는 것은 유별난 취향 때문이 아니라 이렇게 보게 된 실제 때문이다. 보부아르는 사르트르의 추한 외피에 덮혀 있는 황홀한 속살, 곧 지성계의 찬란한 제왕의 모습을 보았다. 순수하면서도 격정적인 미녀 보부아르는 야수 사르트르를 향한 걷잡을 수 없는 사랑에 빠져든다. 이제 당연히 그녀의 일기는 사르트르의 이름과 그에게 바치는 열정의 언어로 채워진다. "장 폴 사르트르를 향한 나의 숭모와 믿음은 절대적인 것이고, 내 사랑하는 레프리콘(못생긴 난쟁이 요정)을 향한 내 배려의 마음은 거리낌을 모른다"(BS, 56쪽). 이후로 두 실존주의자의 사랑을 막아설 것은 무엇도 없었다. 직장도 직무도 심지어 전쟁마저도 장애가 되지 않았다. 한 사람이 있는 곳에 반드시 다른 한 사람도 있었다. 영광과 고통의 순간을 함께했다. 그들 스스로도 기회가 있을 때마다 사람들 앞에서 각각 상대방을 영원한 영혼의 동반자라 추켜세웠고, 활용할 수 있는 모든

매체에 선포했다. 이 사랑은 결국 사별로 멈춰야 할 때까지 반세기 동안
이나 흔들림 없이 이어졌다. 문명사에 두 사람이 끼친 영향력을 생각한
다면 이것을 세기적 사랑이라 불러 무슨 부족함이 있겠는가. 여기까지
만 들으면 두 사람의 사랑 얘기가 마치 소설 속의 무슨 순애보 같아 보
인다. 어쨌든 동화 버전 '미녀와 야수'에서 두 사람의 사랑은 충분히 감
동적이다.

하지만 현실 버전 '사르트르와 보부아르'에서는 전혀 다른 얘기가 펼
쳐진다. 실제로 보통 사람의 평범한 눈에 둘은 영락없는 바람둥이 커플
처럼 살았기 때문이다. 두 사람 각각은 틈만 나면 외도를 즐겼다. 상대
를 위해 정숙하게 순결을 지키는 것 따위는 아예 관심 밖인 듯했다. 생
의 말년에 이르기까지 보부아르 주위에 매혹적인 연하 남자 혹은 여자
의 자취가 사라져본 적이 없다. 연인의 친구는 말할 것도 없고, 때로는
연인의 제자, 심지어 제자의 애인도 보부아르의 상대가 되었다. 외국 여
행을 가서는 현지 작가와 불같은 사랑에 빠져들기도 하고, 아들뻘의 백
수 청년과 수년간 동거하기도 한다.

사르트르는 어떠한가. 한 술 더 뜨면 더 떴지 뒤지지 않는다. 그는 어
느 여성에게 '필'이 꽂히면 어떤 식으로든 결판을 내야 했다. 필은 수시
로 꽂혔고, 숱한 결판의 역사가 때로는 희극적으로 때로는 비극적으로
이어졌다. 가는 곳마다, 하는 일마다 그런 역사로 점철되었다. 걸핏하면
자식뻘 아가씨와 사랑놀이에 빠져들었고 심지어는 손녀뻘 소녀의 순결
을 해제하는 일에까지 열을 올린다. 자매와 번갈아가면서 동침했고, 남

매를 동시에 자신들의 향락 게임에 끌어넣기도 한다.

어떻게 같은 주인공으로 이렇듯 모순되는 두 개의 다른 버전의 이야기가 만들어지는가. 동화 버전의 사르트르·보부아르와 현실 버전의 사르트르·보부아르가 정말 동일 인물이 맞는가. 낮의 지킬과 밤의 하이드로 구분해야 지킬 박사의 미스터리가 풀리듯 그들의 사랑도 이쪽과 저쪽을 구분하는 다른 장치를 끌어와야 풀릴 수수께끼 아닌가.

사랑에 빠진 세기의 연인 사르트르와 보부아르, 그들은 도대체 어떤 인간이었나. 그들의 사랑을 정말 사랑이라고 부를 수 있기나 할까. 혹 그저 성도착자에 지나지 않았던 두 사람에게 세상이 놀아난 것은 아닌가. 우리의 지적 허영을 자극하는 저 실존주의라는 그럴듯한 허울에 감쪽같이 속아서 세상 모두가 통째로 둘에게 당하고 만 것은 아닌가.

·트리오

르네 마외야말로 눈부시도록 잘생기고 기품 어린, 왕자의 외모를 갖춘 청년이었다. 그런데 한때 그토록 강렬하게 보부아르를 사로잡았던 이 연인이 그녀의 의식에서 어떻게 사라졌던가. 마외의 비극은 두 사람 사이에 사르트르가 들어오면서 시작된다. 실제로 사르트르와 보부아르가 서로 인사를 하고 나서도 한동안 두 사람이 따로 만난 적은 거의 없었다. 마외가 그것을 용납하지 않았기 때문이다. 이 삼각관계가 나름 깊어지던 시절에 보부아르가 쓴 일기 한 구절이 우리의 흥미를 끈다. "나는 사르트르가 필요하고, 마외를 사랑한다. 사르트르가 내게 가져다주는 그 모든 것 때문에 그를 사랑하고, 마외는 있는 그대로를 사랑한다"(BS, 52쪽). 사랑의 심리학으로 보면 아직 이 단계까지는 마외에 대한 보부아르의 사랑만이 순수하다. 칸트 철학의 관점에서 볼 때, 상대방의 있는 그대로를 사랑하는, 마외에 대한 보부아르의 사랑, 이 조건 없는 사랑만이 진짜 사랑이다. 이에 비해 사르트르에 대한 보부아르의 사랑은 가짜다. 조건부이기 때문이다. 조건이 사라지면 사랑도 사라질 테니 말이다.

여기서 조건이 무엇인지를 짚어내기란 어렵지 않다. '내게 가져다주는 그 모든 것' 때문인데 그것은 보부아르를 언제나 매혹했던 사르트르의 광범위하면서도 심오한 지적 재능이었다. 마외에게서는 도무지 기대할 수 없는 이것. 사르트르는 언제나 이 지적 재능으로 그녀를 매혹했다. 그러나 그뿐이다. 그것 때문에 사르트르가 필요했고, 또 그런 조건에 한해서만 그를 사랑했다. 삼각관계에서 균형이란 늘 위태롭기 마련이다. 그래도 조건적 사랑이 무조건적 사랑을 축출하는 일이 그 관계에서 생각처럼 쉽게 일어날 수는 없는 법이다. 그렇다면 어떻게 실제로 이런 전복이 일어났을까. 그것은 틈새를 파고드는 결정적 사건을 통해서였다.

한번은 사르트르가 과감히 마외의 눈길을 피해 보부아르를 갑자기 찾아간 적이 있다. 보부아르가 가족과 함께 여름휴가를 떠난 틈을 타서였다. 우연을 가장했지만 사실 치밀한 계획 아래 실행된 일이다. 우선은 이때가 마외의 눈길을 따돌릴 완벽한 알리바이가 생겼을 때다. 가족과 휴가 중인 자신의 연인을 감히 다른 놈팡이가 찾아간다? 아무리 의심 많고 용의주도한 마외라도 생각할 수 없는 경우의 수였다. 다음으로, 그때쯤 사르트르는 보부아르에게 어떤 기미를 잡아낸 터였다. 그로서는 작업을 걸 만한 시점이라고 판단했던 것이다. 사르트르가 보낸 어떤 편지에 회답하면서 보부아르는 미묘한 마음 한 자락을 슬그머니 귀띔했던 것이다. 사르트르는 즉각 작업에 착수한다. 일부러 당분간 편지 연락도 끊고, 트리오 만남도 청하지 않는다. 그러다가 가족 휴가지에 불쑥 나타나는 것, 시쳇말로 '서프라이즈' 전략을 구사한 것이다. 사르트르의 천재성이 공부하는 데서가 아니라 연애하는 데서 발휘되는 첫 상황이었다. 이 작업의 결과는 대성공이었다. 당시 보부아르의 일기 한 구절에서 그 사실을 확인할 수 있다. "이 침묵은 무슨 뜻일까. 하필 내 속마음을 거리낌 없이 털어놓은 편지를 받은 직후에"(BS, 53쪽). 어쨌든 보부아르는 그의 예기치 않은 방문이 몹시도 반가웠고 눈물이 날 만큼이나 기뻤다. 하지만 트리오로만 만나던 사람들이 모처럼 듀오로 만나니 피차 처신이 어색하고 거북한 것은 어쩔 수 없었다. 행복한 만큼이나 불편한 기분도 떨치기 어려웠다. "크나큰 기쁨과 약간의 어색함 때문에 우리 사이가 어쩐지 인위적으로 느껴졌다"(BS, 53쪽).

어색한 느낌, 인위적 느낌이라! 삼각관계의 한 꼭짓점이 비었다는 데서 오는 안도감이 결국은 어느 한 쪽이 무너졌다는 불안감과 켤레를 이루고 있다는 증거다. 그 휴가지에서 만난 두 사람 모두 평소와는 다르게 처신했다. 사르트르는 쉴 새 없이 속사포처럼 말을 다변으로 늘어놓았고, 보부아르는 새초롬하게 입을 닫고 조신하게 경청했다. 서로에게 낯선 이 '오버^{over}'의 발원지도 결국은 트리오의 빈 꼭짓점의 자리, 곧 마외의 자리였다. 삼각관계의 당사자들은 대체로 이런 배리적 충동의 이중성에 내몰린다. 한편으로는 트리오의 꼭짓점 하나를 지우려 하고, 다른 한편으로는 그것을 끝까지 지키려 한다. 평소처럼 편한 관계의 균형을 위해서는 지켜야 하고, 두 사람만의 온전한 사랑을 위해서는 삭제해야 한다. 꼭짓점은 지키고 빈 것은 뭔가로 대신 채우려는 시도가 대개는 다변이나 과잉 배려 같은 행동으로 나타난다.

하지만 일단 발동 걸린 오버는 멈추지 않는다. 마지막 경계까지 넘어가려는 것이다. 문제는 여기에 있다. 마침내 상대의 육체를 탐닉하는 선까지 육박해 들어서고야 마는 것이다. 가족 휴양지까지 보부아르를 찾아간 사르트르가 마침내 이 선까지 밀치고 들어서려 한다. 과잉으로 행동하느라 갑자기 조신한 숙녀로 돌아섰던 보부아르도 이 시도는 거부하지 않는다. 처음으로 둘은 농밀한 육체적 접촉을 시도한다. 다소간 엉거주춤한 자세로 풀밭 위에 둘이 엉켜 있는데 운 나쁘게도 하필 그곳을 산책하며 지나치던 보부아르의 부모에게 들키고 만다. 결과는 대재앙이었다. 부친은 감히 자신의 딸을 풀밭 위에 눕힌 놈팡이에게 당장 이 휴양지에서 꺼지라고 겁박했고, 모친은 변명하고 대꾸하며 놈팡이를 보호하려는 발칙한 딸에게 당장 숙소로 돌아가라고 호통쳤다.

하지만 이 재앙이 결과적으로는 두 사람의 사랑을 오히려 부추긴다. 딸은 부모에게서 심리적으로 떨어지려는 거리만큼, '근본을 알 수 없는 놈팡이'에게 심리적으로 가까이 다가갔다. 이 사건을 계기로 트리오의 구도에 변동이 온다. 르네 마외가 차지했던 트리오의 두 번째 꼭짓점을 서서히 사르트르가 차지하게 된 것이다.

·마법 걸기

1929년 여름휴가지 소동이 벌어졌던 날은 8월 24일이었고, 르네 마외와 첫 섹스를 나누었던 날은 1929년 10월 14일이다. 그 50일은 야수로 변한 왕자가 스스로 그 마법을 풀기에는 너무 짧은 시간이었다. 마법의 속성을 꿰뚫어 본 영리한 사르트르는 다른 길을 택한다. 마법은 푸는 것보다 거는 게 빠르다. 그래 푸느니 걸자. 사르트르는 보부아르에게 마법을 걸었다. 지식의 마법을. 첫 만남뿐 아니라 이후의 일기에도 별로 등장하지 않던 사르트르가 어느 날 일기에서 단박에 지성의 황태자로 등장한다. 사르트르의 마법에 걸린 보부아르는 그의 풀 네임을 적은 첫 일기장에 "장 폴 사르트르를 향한 나의 숭모와 믿음은 절대적"이라고 선언한다. 요컨대 사르트르가 마법에서 풀려나 황태자로 보였던 게 아니라 보부아르가 마법에 걸려 그를 황태자로 보게 된 것이다.

보부아르에게 절대적 믿음과 숭모를 끌어낸 장 폴 사르트르의 전략이 대강 어떤 수법이었는지를 짐작케 하는 기록이 있다. 가령 여름휴가지에서 단둘이 만났을 때 그녀를 매혹했던 사르트르의 말들이다. 자유, 제도 바깥의 사랑, 글 쓰는 삶 등 훗날 그들의 삶을 관통하게 되는 키워드가 이때 등장한다. 어쨌든 그가 들려주는 이런 말은 보부아르의 영혼을 온전히 사로잡았던 듯하다. 이를테면 여름휴가지에서 쓴 그녀의 일기 한 구절이 그 증거다. "나는 우리가 최후 심판의 날이 올 때까지 이야기를 나눈다 해도 여전히 그 시간이 너무 짧게 느껴질 것이라 생각했다" (BS, 53쪽).

마치 종교 지도자를 알현하고서나 움틀 법한 특별한 열정이다. 도대체 무엇이 보부아르로 하여금 밤이슬에 옷이 젖는지도 모를 만큼이나 열중하게 만들었는가. 구체적으로 어떤 내용이었기에 이 까다로운 소르본의 인재를 그토록 감동시켰던가.

그 삶이 반항과 일탈과 전복의 연속이었던 사르트르는 의식적으로는 한 번도 제도권 내부의 정통파 주류에 가담한 적이 없다. 피에르 빅토르와의 대담집이자, 사실상의 마지막 출간물 제목도 《반항에 이유 있다》였다. 하지만 그때 그곳에서 보부아르를 어떻게든 꾀어내어 애쓸 때만큼은 그가 정통파의 낡은 수법을 구사했던 것 같다. 콘텐츠가 영락없는 클래식이었다. 이를테면 이런 식이었다. "나는 책에 둘러싸여서 인생의 첫걸음을 내디뎠으며, 죽을 때도 필경 그렇게 죽게 되리라. 할아버지의 서재는 도처에 책이었다. …… 나는 아직 글을 읽을 줄 몰랐는데도 이 선돌(즉 책)들을 존경했다. 꼿꼿이 꽂힌 것, 선돌들의 행렬처럼 간격을 두고 고상하게 놓인 것 …… 나는 이 책들이 우리 집의 번영을 좌우하는 것이라고 느꼈다. 그것은 모두 비슷한 모양이었다. 나는 작달막한 고대의 유물들에 둘러싸인 이 작은 신전 속에 뛰놀았다. 내가 태어나는 것을 보았고 또 나의 죽음을 지켜볼 유물들, 과거와 똑같이 평온한 미래를 내게 보장해줄 영원한 유물들. 나는 그것들을 몰래 만져보았다. 그러나 그 유물들의 용도가 무엇인지는 잘 알 수 없었다"(사르트르, 《말》, 민음사, 2008, 45쪽. 이하 《말》로 줄임). 이것은 그로부터 꼭 사반세기 뒤에 출간하게 되는 자서전 《말》에 나오는 말이다. 그에게 노벨 문학상의 영광을 안겨주기도 했던 이 작품으로 그는 당시의 세상 사람들을 꾀어냈다. 이 글을 쓰는 나와 마찬가지로 많은 독자가 그 책을 읽고서 비로소 작가의 길에 들어서고 싶은 강렬한 유혹을 느꼈을 것이다. 짐작컨대 여기에 나오는 말들에 비해 조금은 엉성하고 소박한 초판본쯤으로 보부아르를 사로잡았던 것 같다.

사르트르는 코흘리개의 유년 시절을 외가에서 보냈다. 글자를 막 익히던 시절 퀴퀴한 냄새가 진동하던 외할아버지 서재는 그에게 그야말로 마법의 세계로 탄생한다. "나는 기뻐서 어쩔 줄 몰랐다. 식물 표본처럼 그 조그만 상자 속에 들어 있는 말린 목소리, 할아버지가 들여다보면 다시 살아나는 목소리, 할아버지 귀에는 들리지만 내 귀에는 들려오지 않았던 그 목소리가 이제 내 것이 되었으니 말이다! 나는 그것을 귀담아듣고 의젓한 이야기들을 몸에 가득 지니고 모든 것을 다 알고 말리라. 할아버지의 서재를 마음대로 배회할 수 있게 된 나는 인류의 지혜와 씨름하기 시작했다. 그것이 오늘날의 나를 만들어놓은 것이다"(《말》, 53쪽).

하지만 에콜 노르말 쉬페리외르 고등학교의 소문난 천재에게도 당장 눈앞의 여성을 유혹하기 위한 말들은 더 필요했을 터다. "이야기가 계속되는 동안 우리는 어른들과 신들과 사제들로부터 멀리 떨어져서 아무도 모르는 곳에 숨어 외따로 있는 셈이었다. 우리는 숲 속의 두 마리 사슴이며, 우리의 곁에는 요정이라는 이름의 다른 사슴들이 있을 뿐이었다"(《말》, 50쪽). 그러면서도 다른 한편으로는 한 권의 책을 펼쳐 드는 순간 그 꼬불꼬불하고 가지런한 활자들이 주문처럼 살아나면서 무진장의 세계들을 눈앞에 생생하게 불러들이던 그 체험을 촌철살인의 언어로 보부아르에게 전해주었을 것이다.

읽고 즐기는 것으로 만족하지 않고 왜 구태여 글 쓰고 책을 만들어야 하는가. 사르트르는 두 가지 이유를 들어 보부아르를 설득했을 것이다. 첫째는 글쓰기가 세계를 창조하는 일이기 때문이다. 자유로운 인간, 주체적 실존은 글쓰기로 세계를 창조해야 한다. "나는 흙을 파본 일도, 둥지를 훑어본 일도 없다. 식물 채집을 해보지도, 새들에게 돌을 던져보지도 않았다. 오직 책들만이 나의 새들이며 둥지며 가축이며 외양간이며 시골이었다. 할아버지의 서재는 거울 속에 사로잡힌 세계였다. 그것은 현실의 세계와 똑같이 무한한 부피와 다양성과 의외성을 지니고 있었다"(《말》, 54쪽). 둘째 이유는 책만 읽는다는 게 주체성을 내팽개치는 자존심 상하는 행위이기 때문이다. 훗날 《문학이란 무엇인가》에서 사르트르는 저자와 독자의 관계를 "수컷과 암컷"(사르트르, 《문학이란 무엇인가》, 민음사, 2004, 122쪽)이라는 발칙한 비유로 대비하는데 보부아르에게는 아마 19금 정도의 순화된 다른 비유로 설명해주었을 것이다.

그날 숙소로 돌아가기를 잊고 밤이슬이 옷깃을 적시도록 두 사람이 나눈 얘기, 그래서 보부아르가 "최후의 심판의 날이 올 때까지 이야기를 나눈다 해도 여전히 그 시간이 너무 짧게 느껴질" 얘기의 마법은 사르트르나 보부아르 자신이 평생 헤어 나오지 못할 구속 재킷이 될 터였다. 그날 혼곤한 의식으로 숙소에 돌아와서 일기에 내갈긴 짧은 문장이 그 증거다. "이것이 바로 내가 기다리던 삶이다"(BS, 57쪽).

·존재 마외

그러나 이 마법의 힘이 조건 없는 사랑 르네 마외를 단숨에 밀어낼 만큼 강했다고 판단한다면 오해다. 휴양지에서 사르트르를 떠나보낸 일주일 뒤 곧장 그녀만의 일기에서 '라마의 왕자'라 호칭하는 마외를 반쯤은 속죄하는 심정으로 근처의 도시로 초대한다. 사르트르는 자신의 서프라이즈 전략으로 다짜고짜 찾아왔지만, 마외는 그녀 자신이 청해서 내려오게 한 것이다. 방해할 부모와도 멀찍이 떨어져서 단둘이 고즈넉하게 만날 수 있도록 세심하게 준비한다. 덕분에, 그녀의 표현대로라면 오직 그만을 만나 "이틀 동안 지속된 꿈"(BS, 60쪽) 같은 시간을 함께 보낼 수 있었다. 그렇게 황홀한 시간을 함께하고 마외를 떠나보낸 뒤에 남긴 일기가 흥미를 끈다.

"나는 마외가 어떤 사람인지, 사르트르가 어떤 사람인지 잘 안다. 하지만 그 이야기는 나중에"(BS, 60쪽). 그런데 '나중에'로 끝이다. 나중으로 밀어둔 얘기는 끝내 다시 등장하지 않는다. 여기서 그녀는 그냥 안다는 게 아니라 '잘 안다'고 적었다. 확신하듯 적은 어휘, '잘 안다'는 것은 어떤 내용의 앎을 말할까. 그리고 왜 나중일까. 그 나중은 왜 영원히 유예되고 말았는가?

군이 이런 물음을 던지는 이유는 다음과 같다. 트리오에서의 두 꼭짓점, 즉 마외와 사르트르를 '잘 안다'는 것은 두 사람을 각각 만나고 교차 비교를 한 뒤의 결론일 터이므로 만일 미루지 않고 적었더라면 그 내용은 트리오의 사랑을 가늠할 수 있는 의미심장한 맥락을 언급했을 것이기 때문이다.

예고된 이야기가 등장하지 않았으니 우리는 그저 미루어 짐작할 수 있을 뿐이다. 추리해보건대 잘 알게 된 것은 새롭게 알게 되었다는 뜻일 테고, 두 사람을 새롭게 알게 되었다는 것은 또 이미 알았던 것과 다르게 알게 되었다는 뜻일 터다. 그래서 그녀가 만일 나중으로 미루지 않고 내친김에 용기 있게 적었더라면 그 결론은 트리오의 새로운 균형, 또는 트리오 사랑의 새 판 짜기에 관한 내용이었으리라. 그 내용이야 당연히 마법을 건 지식의 황태자에게 왕홀王笏을 넘겨주는 것 이외의 다른 무엇이겠는가.

만일 그렇다면 약 한 달 뒤 마외를 통해 이성과 처음으로 육체관계를 맺는 보부아르의 행위를 어떻게 이해해야 하는가. 인간 보부아르의 장점과 약점은 이 선택에서 고스란히 드러난다. 이것은 자신이 역전시킨 트리오의 꼭짓점에 보내는 작별의 의식일 터다. 인간적인 배려겠지만 또한 그만큼 비겁한 선택이기도 하다. 사르트르를 만난 뒤 채 두 달이 되지 않은 짧다면 짧은 시간 동안 사르트르·보부아르·마외 트리오의 실존사랑은 새로운 역사를 시작한다.

　지금 왜 마외를 말하는가. 이 낯선 이름으로 이 무슨 법석인가. 사르트르·보부아르 연구자도 당연히 고개를 갸우뚱거릴 이름이다. 하지만 부정할 수 없는 사실은 트리오의 실존사랑이 마외와 더불어 시작한다는 것이다. 그가 중요한 이유는 보부아르가 처음으로 이성과 관계를 맺은 상대여서가 아니라 이후 사르트르·보부아르가 그려갔던 모든 사랑의 틀을 구성한 자이기 때문이다. 그 둘은 어떤 상대를 만나든 처음 마외와 함께 만들었던 사랑 틀로 회귀했다.

　이를테면 보부아르 가족의 여름휴양지에서 사르트르의 서프라이즈 작업 전략이 그런 방식으로 실행된 데에는, 부재하는 트리오의 한 꼭짓점인 마외의 개입이 있었다. 마외라는 꼭짓점은 다소 숫기 없고 과묵한 사르트르를 속사포 같은 언어를 쏟아내는 다변가로 만든 큰 힘 중 하나였을 뿐 아니라, 자의식이 강하고 강단 있던 보부아르를 순종적이고 조신한 숙녀로 변신하게 한 보이지 않는 힘 중 하나였다. 더 단도직입적으로 말해서 사르트르가 저 마지막 경계를 돌파하도록 이끌어낸 이도 마외였고, 보부아르가 야수에게 미녀의 몸을 맡기기로 결심하게 한 것도 마외였다. 하이데거의 언어로 말하자면 여름휴양지에서 트리오의 꼭짓점에 부재하는 것은 존재자being로서의 마외일 뿐이다. 존재Being로서의 마외는 부재하는 방식으로 존재하면서 다른 존재자들의 존재 방식에 관여하고 개입했다. 하이데거의 《존재와 시간》은 사르트르가 그 서프라이즈 전략을 구사하기 두 해 전에 출간되어 선풍을 일으킨 텍스트였다. 그로부터 약 5년 뒤 사르트르가 《존재와 무》를 쓸 때 그는 전폭적으로 이 저술에 의존하여 때로는 해설하고, 때로는 비판하기도 하면서 이 독일 철학자의 학문적 성취에 경배를 바친다. 비록 사르트르 자신은 이 상황에서 마외의 존재를 그런 맥락에서 성찰하지는 않았던 듯하지만.

존재자[being] 마외는 머지않아 보부아르의 첫사랑 사촌 자크처럼 그들의 시야에서 사라진다. 하지만 존재[Being] 마외는 트리오의 실존사랑으로 어떤 사랑의 역사에서도 관여하고 개입한다. 하이데거식의 논의가 이해하기 어렵다면 이렇게 바꿔서 설명해볼 수도 있다. 트리오의 한 축에서 빠져나간 뒤에서 고유 명사 르네 마외가 일반 명사로 탈바꿈한다. 그리고 그런 품사로서 한 축에 남아 일정한 영향을 행사한다. 고유 명사로서의 사람 이름 르네 마외가 일반 명사화된 증거가 뭐냐고 반문할 수 있으리라. 우리에게 보여준 사르트르·보부아르의 삶 자체가 그 생생한 증거라고 간단히 답할 수 있다. 하지만 이 논증은 복잡하고 어렵다. 트리오의 삶과 사랑에 독특하게 회귀하는 일반 명사 마외의 방식이 단순하지 않기 때문이다.

하지만 확신컨대, 사르트르·보부아르는 트리오 사랑에서 어느 순간부터 사라진 마외라는 존재자가 어떻게 부재함[not-being]과 존재함[being] 사이를 왕복하면서 자신들의 사랑에 간섭하는지 첨예하게 자각했다. 사르트르·보부아르 두 사람은 트리오의 주도적 구성자의 위치를 차지한다. 사르트르는 마외·보부아르 두 사람의 틈을 용의주도하게 비집고 들어서서 트리오를 만들었고, 보부아르는 어느 순간부터 이렇게 만들어진 트리오를 주인공이 되어 끌어갔다. 사르트르·보부아르·마외 트리오의 실제적 사랑의 역사는 그다지 길지 않았다. 하지만 그것이 드리운 실존 사랑의 그림자는 전생애에 걸쳐진다.

뒤에 만들어지는 트리오의 구성 축은 일반 명사 마외의 다른 버전이다. 곧 살피게 될 트리오의 사랑에서 누구도 이 마외를 넘어서지 못한다. 모두가 처음에는 사랑의 파트너, 트리오의 두 번째 축이었다가 여름 휴양지 같은 사건을 겪으면서 세 번째 축으로 밀려났다가 이윽고 사라지거나 접힌다. 이런 이유에서 그 이름이 무엇이든 사르트르·보부아르가 그리는 트리오의 실존사랑의 화폭 안에서는 모두가 또 다른 마외에 지나지 않는다.

가령 무인도 같은 섬에 사르트르와 보부아르, 사랑하는 두 사람의 인류만이 있다고 가정해보자. 사르트르가 이렇게 말한다. 당신을 사랑합니다. 보부아르가 답한다. 나도 당신을 사랑합니다. 여기서 더 보탤 말이 없고, 보탤 말이 없으니 이야깃거리가 없다. 선호, 헌신, 희생, 화합 아무리 기발한 언어로 바꿔본다 하더라도 결국 오십보백보 범위 안에서 순환하는 뜻일 뿐이다. 같은 것들이 같은 회로 안에서 순환하는 데서 어떻게 서사가 만들어지겠는가. 서사를 위해서는 타자가 필요하다. 듀오가 만든 동일성의 순환 어느 틈바구니를 열고 다른 하나가 밀치고 들어서야 한다. 트리오의 한 축, 존재 마외가 없었다면 1929년의 여름에 사르트르가 수다쟁이로 변신해 자신의 행동·생각·언어를 튕겨낼 수도, 보부아르가 숙녀가 될 수도 없었을 것이다.

일반 명사로서, 기호로서 여전히 살아 있는 존재 마외를 이해하지 못한다면 사르트르·보부아르의 트리오도 이해하지 못한다. 트리오를 이해하지 못하면 실존사랑의 문턱에조차 나아가지 못한다. 하지만 존재 마외가 중요한 까닭은 부재하면서도 작동하는 존재어서가 아니라, 실존사랑이 숙명적으로 존재 마외가 구성하는 트리오의 방식으로만 가능하기 때문이다.

·트리오 사랑

다시 트리오로 돌아가보자. 그들에게 존재 마외로 일반 명사화된 트리오의 다른 꼭짓점 하나는, 언제나 단단한 윤곽선으로 그들의 모든 만남에 개입했다. 두 사람은 늘 누군가를 초대함으로써 비어 있는 자리를 채웠기 때문이다. 그런 과정에서 솟구치는 서사를 그들은 반드시 글로 남겼다. 글쓰기 욕망과 성적 욕망이 긴밀하게 결합하는 방식도 이 두 사람을 연구할 때에 풀어내기 어려운 또 다른 미스터리다. 사랑하면서 그들처럼 사랑 자체를 그토록 많은 언어로 풀어낸 연인이 또 있었던가. 소설, 희곡, 일기, 자서전, 편지 등 전방위 장르를 통해 마치 강박처럼 쏟아낸 장강長江 같은 언어는, 실제로 실존 트리오의 한 꼭짓점에 위치한 저 신비한 자리에서 발원한다. 글쓰기가 곧 사랑이었던 그들에게 서사는 사랑의 진리를 대변한다.

그렇다면 이제 다시 이렇게 물어보자. 왜 트리오의 사랑인가. 그것이 어떻게 사랑의 진리를 보여주는가. 오히려 트리오의 사랑은 비정상, 불구, 기형의 사랑 아닌가. 특별한 상황이 아니고서야 누가 일부러 트리오의 사랑을 선택하겠는가. 네가 나만을 사랑하고 나도 너만을 사랑하는 게 진정한 사랑 아닌가. 그러나 한 직선의 양극으로 연결된 두 사람이 사랑한다는 것은 위상기하학 관점에서 보면 직선 위의 왕복 같은 것이다. 몇 번의 왕복 운동 끝에 운동의 의미는 사라진다. 당신이 지금 한 여인 혹은 한 남자를 사랑하고 있는가. 몸과 마음을 다해 사랑하기 시작하고 사랑에 빠져들어 열렬히 사랑하며 살아가보라. 그런 사랑은 시작하는 순간부터 죽기 시작한다. 헤겔이 '모순 없는 사랑의 시작은 곧 그것의 죽음의 시작'이라고 주장했던 것은 이런 상황을 말한다. 이것이 헤겔이 일깨워준 사랑의 변증법, 곧 사랑의 진리다. 사랑이 살아남으려면 모순을 품어야 한다. 트리오 사랑은 나, 너, 그리고 타자, 출발선에서부터 모순을 품은 사랑이다. 물론 나와 너 외에 또 다른 타자를 받아들이는 순간 사랑은 곧장 갈등과 투쟁, 부정과 대립 상황으로 빠져든다. 그러나 이런 불행한 상황이 사랑하는 두 사람, 새로 끼어든 타자까지 셋 모두를 펄떡거리는 생명체로 흔들어 깨운다. 반복되는 일상성의 매너리즘 속에서 퇴색해버린 사랑이라는 어휘의 의미도 새롭게 살아나고, 새로운 애정 상황에 발을 담가야 하는 몸도 탄력의 리듬을 회복한다. 이것은 당연히 모순의 사랑이 부정, 대립, 투쟁이라는 힘든 비용을 치르면서 얻는 축복이다.

왜 마외가 사라진 뒤에 사르트르·보부아르 두 사람은 저 위대한 사랑의 영혼이 꿈꾸는 두 사람만의 축복받는 순결한 사랑으로 돌아가지 않았던가. 이유는 간단하다. 헤겔이 일깨워준 대로 사랑의 죽음을 거부하기 위해서다. 이를테면 《춘향전》에서 사랑이 저 숭고한 승리 다음에 어떻게 늙어갔는지 상상해보라. 몽룡과 춘향이 영감과 할멈이 될 때까지 그들의 사랑이 두 사람의 정신과 육체 안에서 싱그럽게 살아 있기는 불가능하다. 로미오와 줄리엣도 떠올려보라. 그들은 사랑의 아름다운 첫 얼굴만을 보여준 뒤 지상에서 홀연히 사라졌다. 헤겔 입장에서 보면 이 모두가 모순 없는 사랑의 말로다. 배타적으로 둘이서만 나누는 사랑은 단조로움과 권태로움 속에 몰락하게 돼 있다. 이것이 헤겔이 거듭 강조했던 사랑의 변증법적 모순이다. 사랑은 스스로 부정할 때에만 한 차원 높은 단계(진리에 더 가까운 단계)로 도약한다. 사르트르·보부아르는 모순을 받아들임으로써 사랑의 진리를 꿰고 싶었다. 그들은 끊임없는 모순과 갈등 속에서 항상 사랑의 첫 얼굴을 찾으려 했다.

하지만 여기서 우리는 트리오 사랑의 혁명 전사였던 사르트르·보부아르 커플에게 두 가지 질문을 던져야 한다. 첫째는 위에서의 트리오 사랑은 '뽀샵' 정도가 지나친, 너무도 미화된 금박 액자 안의 그림이 아니냐는 것이다. 가려진 뒤편에서도 이 사랑이 충분히 아름다운가. 저 축복에 도달하기도 전에 회복할 수 없는 상처를 입고 몰락할 영혼들 앞에서도 우리가 여전히 타자와 함께하는 트리오 사랑을 예찬할 수 있을까. 이에 대한 사르트르·보부아르 커플의 대응 논리는 한결같았다. 타자의 출현 하나로 무너져 내리는 사랑은 마땅히 무너져야 한다는 것이다. 그들에게 그것은 사랑이 아니었거나 사랑으로 위장된 위선, 가식, 허위에 지나지 않았으니까. 사랑한다면 존재 마외의 자리에 타자를 받아들이고, 그것이 일으키는 숱한 격랑과 충격의 소용돌이를 버티고 살아남아야 한다. '사랑의 진리'란 그렇게 살아남은 관계의 모습을 일컫는 말이다. 자신들처럼.

둘째는, 그렇다면 문제는 트리오 사랑에서 그 진리가 세 사람이 아니라 두 사람이라는 데 있다. 이 무대에서 희생자로 남아야 하는 일반 명사 마외는 결국 진리의 들러리일 뿐인가. 트리오 사랑이란 결국 희생양의 피를 진리의 제단에 뿌리고 나서야 얻는 꽃인가. 그렇다면 진리의 제단에 피를 뿌리며 희생자 역할을 떠맡아야 하는 자는 누구인가. 누가 마외의 이름으로 이 제의에 참여하겠는가.

두 번째 질문에 대한 사르트르·보부아르의 답도 간단하다. 트리오 사랑 방식은 실존이다. 실존은 모든 것을 지금 여기서 새롭게 시작하는 자유로운 선택의 연속으로 존재한다. 자발적 합의로 트리오의 사랑에 동참했다면 사랑이 어떻게 전개될지, 누가 남고 누가 떠날지 혹은 지지부진한 실랑이만이 이어질지, 결과는 오직 신만이 안다. 최소한 여기서 낙오자는 있을지언정 희생자는 없다.

•글 쓰는 인간

적어도 사르트르·보부아르 커플에게는 이런 이유에서 트리오가 단지 사랑 자체만을 위해 요청되는 관계 틀은 아니다. 글 쓰는 인간으로 존재하기 위해서도 트리오가 필요하다. 트리오가 아니면 서사가 만들어지지 않기 때문이다. 1929년 여름, 가족 휴양지에서 사르트르가 보부아르를 사로잡았던 마법의 키워드는 세 개였다. 자유, 사랑, 글쓰기. 특히 '왜 써야 하는가'를 열변했던 사르트르의 언어는 보부아르의 영혼 깊은 곳으로 파고들어서 나머지 생애 동안에도 벗어던질 수 없는 구속 재킷을 입히기에 이르렀다.

훗날 둘은 숱한 사랑의 트리오를 그려가며 굽이굽이 파란과 곡절의 삶을 이어갔음에도, 1929년 여름휴가지에서 두 사람을 하나로 묶었던 글 쓰는 인간이라는 키워드에서 멀어졌던 삶의 시간은 많지 않았다. 주위 증언에 따르면 사르트르·보부아르 커플은 사랑을 위해 태어났다기보다 글쓰기를 위해 태어난 것처럼 보인다. 일상을 함께했던 가족, 친지 혹은 친구들의 의식 안에 언제나 오버랩되는 한결같은 이미지는 '카페의 혼란에도 아랑곳없이 글쓰기에 열중인 사르트르' '책상에서 만년필을 손에 든 채로 사람을 맞는 보부아르' 같은 것들이었다. 두 사람은 무슨 장르로 어떤 내용의 글을 그렇게나 심취하여 썼던가. 흔히 쉽게 할 수 있는 답은 '전방위 장르로써 삶의 모든 것에 관해서'다. 틀린 답은 아니다. 하지만 단서 하나를 덧붙여야 하리라. '삶이 글이 되고 글이 삶이 되는 한에서'라는. 어쨌든 둘은 함께 혹은 각각 삶 자체가 글이 되게 하는 삶을 살았고, 그런 삶을 그냥 들어 올려서 원고지 안에 옮기는 글을 썼다. 그들이 생산해낸 경이로운 분량의 글이 대부분 큰 틀에서 자서전

발자크 동상 앞에 서 있는 사르트르와 보부아르. 주체적 글쓰기를 통해 관습에 저항했던 두 사람이 발자크 동상 앞에 서 있는 모습이 의미심장해 보인다.

언저리에 배치되는 것은 이 때문이다. 사르트르 문학의 총결산이라 평가받는 노벨 문학상 수상작 《말》이 말 그대로 자서전이고, 보부아르 문학의 결산 3부작 《처녀시절》《삶이 한창일 때》《사물의 힘》을 비롯해 그녀가 최초로 쓴 소설 《초대받은 여자》, 공쿠르 상 수상작 《레 망다랭》 등이 모두 그녀의 삶 자체를 들어 올려 책으로 옮겨놓은, 문학으로 포장된 자서전이다.

사르트르는 《문학이란 무엇인가》에서 삶과 글쓰기의 이 숙명적 결속 관계를 '참여engagement'라는 어휘로 요약한다. "이렇듯 당신이 어떤 사연으로 작가가 되었든 간에 당신이 어떤 견해를 표명했든 간에, 문학은 당신을 싸움터로 끌어들인다. 글쓰기는 자유를 희구하는 한 방식이다. 따라서 일단 글쓰기를 시작한 이상, 당신은 좋건 싫건 간에 '참여'하고 있는 것이다"(《문학이란 무엇인가》, 92쪽). 단 이미 만들어지는 패턴에 따르는 수동적 행위는 참여가 아니다. 참여는 이미 그어진 선 위에 같은 선을 한 번 더 긋는 게 아니라, 전혀 다른 선 하나를 붙여 넣는 것이다. 차이를 만들어내고 다른 목소리를 내는 것이다. 이 자유롭고 능동적 선택 때문에 참여는 투쟁으로 이어질 수밖에 없다.

여기 사랑하는 두 사람이 있다. 서로 사랑한다. 방해자도 없다. 당연히 골치 아픈 트리오의 삼각관계 같은 것도 없다. 세상의 관습대로 결혼한다. 일을 하고 애를 낳아 양육한다. 그러면서 늙어가다 죽는다. 이것은 정해진 트랙이다. 사르트르가 생각하는 참여로서의 글쓰기란 이를테면 이런 식의 정해진 트랙에 저항하는 것이다. 왜 이것이 자유를 요구하고 또 투쟁의 양식으로 전개되는가. 참여의 이유, 즉 글 쓰는 이유가 이 관습적 트랙에 주체적으로 맞서고 싸우는 것이기 때문이다. 사르트르는 예술 혹은 시를 자연의 모방이라고 정의하는 아리스토텔레스의 미메시스Mimesis를 거부한다. 그에게 글쓰기는 단지 이야깃거리가 있어서 글로 옮기는 미메시스 행위가 아니다. 거꾸로 참여로서의 글쓰기가 이야깃거리를 만든다.

복잡한 맥락을 떠나 순전히 형식만 두고 말할 때도 같은 애기를 할 수 있다. 가령 듀오만으로 무슨 애깃거리를 만들겠는가. 서사가 없으면 글을 쓸 수 없다. 사르트르·보부아르 커플은 글을 쓸 수 없다면 사랑도 할 수 없는 사람들이었다. 그들에게 사랑은 글쓰기라는 연료로써만 타오르는 불꽃이었다. 이 사실은 사르트르·보부아르 커플에 대한 전기적 연구가 항상 멈춰 설 수밖에 없는 영원한 미스터리다. 누군가에게 글쓰기란 그런 의미로 수용되기도 한다는 사실을 설득시키기는 쉽지 않다.

어쨌든 트리오 사랑은 글쓰기를 위해서 태어난 사르트르·보부아르가 힘겹게 선택한 변증법적 사랑에 다름 아니다.

이런 사랑은 실제 삶에서 곧잘 파우스트적 승부수를 띄우려 한다. 파우스트가 영혼을 두고 악마와 흥정한 것은 삶의 풍요한 서사를 얻고자 해서다. 당사자, 그리고 관망지들에게 트리오의 사랑은 무엇보다도 풍요로운 얘깃거리를 제공해준다. 하나의 직선으로만 이루어지는 듀오의 사랑에 비해 트리오 사랑은 다른 타자가 등장하면서 범람해오는 이야깃거리로 풍요해진다. 처음에는 하나의 어긋나는 서사 선이 삐져나올 뿐이지만, 그것이 불러일으키는 긴장, 대립, 투쟁으로 인해 거의 무한에 가까운 복잡한 서사 선이 그것에서 가지 쳐 나온다. 사랑이 그저 사랑인 게 아니라 갈등, 투쟁, 부정을 경유한 것이어서 극적이며 장엄하고 비극적이며 아름다운 것이다.

무엇보다 이 모든 것의 중심에는 사르트르·보부아르가 선택한 실존적 기투, 즉 글쓰기가 놓여 있다. 그들은 글 쓰는 인간으로 자신의 존재를 실존적으로 증명하고자 했다. 글 쓰는 인간이 아니라면 그들은 사랑하는 인간도 아니었다.

초대받은 자

파리의 북부 도시 루앙 잔다르크 고등학교에 발령받은 보부아르는 단박에 모든 학생의 우상으로 떠오른다. 이 인기 철학 교사는 특히 여학생이 선망하는 모든 미덕, 가령 아름다운 이목구비, 박학과 심오를 겸비한 명증한 강의, 날렵한 몸매, 확신에 찬 음성 등을 갖추어 학생들의 혼을 빼앗았다. 어딜 가든 학생들이 그녀를 따라다녔다. 그중 한 여학생이 유난히 보부아르의 눈길을 끌었다. 올가 코사키에비치Olga Kosakiewicz, 1915~1983. 난해한 칸트 철학을 요령 있게 이해하고 자기 방식으로 소화해서 리듬감 있는 문체로 적어내는 능력을 갖춘 18세의 여학생이었다.

보부아르는 올가와 스스럼없이 친해지고서도 한참 뜸을 들인 후 사르트르를 소개했다. 사르트르와 보부아르가 올가를 실존 트리오의 제3의 꼭짓점에 초대했고, 올가는 영광스러워하며 초대를 받아들인다. 그러나 막상 트리오 사랑의 막이 오르자 세 사람은 삼자 모두에게 이것이 얼마나 어려운 프로젝트인지 금방 실감한다. 때로 사랑의 열정이 쉽사리 증오로 변하기도 했고, 때로는 증오가 곧장 뜨거운 헌신으로 승화되기도 했다. 세 꼭짓점이 각각 다른 꼭짓점에 어떤 방향, 어떤 속도로 접근하거나 멀어지면서 어느 정도의 원근 위치를 정하느냐에 따라 트리오의 균형은 위태로워지기도 하고 안정을 취하기도 했다. 양성애자였고, 유별난 성욕 때문에 고민이 많았던 보부아르에게 이 트리오 사랑은 때로는 저주와도 같은 굴레로 느껴지기도 했다.

아무튼 이 특별한 사랑 방식은 세 사람 각각에게 무시로 뒤바뀌는 희열과 고통을 안겨주었다. 그 와중에서도 그나마 구원의 숨통을 열어주었던 것은 실존 사상이었다. 실존이란 자신의 존재 방식을 매 순간 시시각각 자유롭게 선택하며 존재하는 것이다. 사르트르의 이름을 세상에 회자시킨 저서《실존주의는 휴머니즘이다》에 나오는 유명한 명제 "실존은 본질에 앞선다"는, 가령 이 상황에서는 이런 방식으로 적용되는 것이었다. '나는 선생, 너는 제자', 이것은 사회적 관계 안에서 주어진 본질이다. 그러나 '나는 너의 연인, 너는 나의 연인', 이것은 이 순간 나의 자유가 지향하는 내 존재의 선택이다. 현재 나의 자유로써 주체적으로 선택하는 '연인-연인'의 존재가, 이미 사회관계 안에서 결정되어 있는 '교사-제자'의 존재보다 앞선다는 것이다. 이것이 인간에게 투명하고 정직한 존재 방식이라고 사르트르는 주장한다. 그럼에도 불구하고 마치 본질이 실존보다 앞서는 것처럼 행동하는 사람들이 있다. 마치 자신은 교사의 품격을 본성처럼 태어났다고 믿는 사람들, 학생에게는 성실과 순종의 덕목이 배어 있어야 한다고 확신하는 사람들. 이런 사람들은 본질의 특성이 인간 각각의 존재를 결정한다고 믿는다. 마치 책상의 본질이 책상의 존재를 만들어내듯이 인간의 본질에서 인간 존재를 찍어내려 하는 사람들이다. 이것이 사르트르를 구토하게 하는 존재 상황이다. 사르트르가 소설《구토》에서 주인공 로캉탱을 통해 "모든 생리적 구토는 존재론적 구토에서 발원한다"라고 언급했던 게 바로 이런 상황이다.

존재론적 구토를 피하는 유일한 방법은 존재의 투명성뿐이었다. 선생이자 연인인 사르트르·보부아르는 존재를 위장하는 모든 위선과 가식을 가차없이 공격했고, 제자이자 연인인 올가도 그런 가르침을 실천했다.

보부아르는 이 트리오 사랑을 문학으로 옮기는 '참여'의 첫걸음을 힘겹게 내딛는다. 수년 동안 몇 번의 다시 쓰기를 거듭하고서도 쉬 끝나지 않는 이 집필 과정을 사르트르는 물론 올가도 지켜보았다. 보부아르의 첫 소설 《초대받은 여자》는 이렇게 해서 탄생한다. 마치 트리오 사랑에서 범람해 나오는 모든 희열과 고통의 증언서처럼 펼쳐지는 이 소설을 그녀는 올가에게 바친다. 사르트르도 이런 방식의 참여에 동참한다. 난해한 소설 《자유의 길》에 등장하는 이비치가 바로 올가의 소설 버전이었다. 하지만 제자이자 연인인 올가는 트리오의 사랑 체험을 글쓰기로 '참여'하는 데에서만은 선생이자 연인인 사르트르 · 보부아르와 보폭을 맞추지 못한다.

올가의 여동생 완다가 다시 새로운 트리오에서 르네 마외의 자리를 떠맡으며 상황은 또다시 예측할 수 없는 방향으로 흘렀다. 꽤 오랜 뜸들이기 끝에 완다와 육체관계를 맺은 사르트르는 보부아르에게 이런 말로 시작하는 편지를 쓴다. "나는 드디어 완다를 정복했소. 오늘 아침에. 쉽지 않았지만 즐거웠소."

이것은 보부아르를 향해 구사했던 사르트르의 사디즘이 아니다. 소통에서든 참여에서든 트리오의 실존사랑에서 투명성은 서로가 지켜야 할 첫 번째 규칙이었다. 사르트르는 그 규칙을 충실히 지켰을 뿐이다.

이 규칙을 지키는 충실성에서 보부아르도 뒤처지지 않는다.

엄청나게 좋은 일이 생겼어요. 떠날 때만 해도 전혀 기대하지 않던 일이에요. 사흘 전 난 당신의 어린 제자 보스트와 섹스했어요. 먼저 제안한 것은 물론 나였어요. 우린 둘 다 그러길 원했어요. BS, 155쪽

보부아르가 새로운 트리오 구성 축, 사르트르의 어린 제자 보스트와 첫 섹스를 나누고서 사르트르에게 보낸 편지다. 물론 보부아르는 사르트르에게만 편지를 썼던 것은 아니다. 트리오의 한 축, 곧 마외의 자리에 들어선 새로운 파트너, 이 멋진 연하남 보스트에게도 애정 넘치는 농밀한 편지를 하루가 멀다 하고 보낸다.

당신을 엄청나게 사랑해요. 당신이 그걸 알아주고 가깝게 느끼고 기뻐하길 원해요. …… 당신의 목소리와 얼굴이 아직도 생생해요. 티뉴에서 부르생모리스로 내려가던 길에 있던 당신 모습을 쉽게 떠올릴 수 있어요. 그때 당신은 당신 이야기를 들려주었죠. 당신을 포옹하고 아플 정도로 키스하고 싶어요. 당신을 사랑해요. 그리고 당신에게 키스를 보내요. BS, 159쪽

트리오 안에서 사랑에 빠진 보부아르가 보여주는 사랑의 몸짓이 결코 가식적인 게 아니었음을 보여주는 문건은 헤아릴 수 없을 만큼 많다. 이를테면 비슷한 시기에 보스트에게 보냈던 다른 편지는, 그녀에게 여전히 사르트르에 대해 최소한의 미련이나마 남았을지 의심하게 할 정도다.

이제 자러 갈 참이에요. 당신이 미칠 듯이 보고 싶어요. 엠보리오 생각나요? 얼마나 덥고 목이 말랐는지. 그 들에서 물을 먹고 싶어서 얼마나 고통받았는지? 그건 내가 오늘 밤 느끼는 고통에 비하면 아무것도 아니에요. 내 사랑, 내 사랑, 당신이 여기 있으면 당신 몸이 내게 바싹 붙어 있으면 하고 얼마나 바라는지 몰라요. BS, 158쪽

당연히 보부아르는 보스트도 글쓰기의 참여를 통해 문학 안에서 불멸하는 이미지로 붙잡아둔다. 《초대받은 여자》의 제르베르가 바로 보스트의 소설 버전이다. 소설 속 순진한 청년 제르베르는, 보부아르의 소설 버전인 연상의 여인 프랑수아와의 트리오 사랑에 '초대받은 남자'의 이름이다.

▪사랑의 진리

1929년 8월 24일은 보부아르를 상대로 감행한 사르트르의 서프라이즈 작전이 실행된 날이다. 그 작전의 전리품은 소박한 약속이었다. 자유로운 선택 주체로서 앞으로 2년 동안 서로를 연인으로 선택하자는 것이었다. 어느 들판 나무 그늘 아래서 그냥 "우리 연인 할까?" "그래요. 우리 연인 해요" 하고 말로 주고받은 싱거운 약속이 전부였다. 계약 결혼? 그런 것은 없었다. 그때도 없었고, 앞으로도 없을 것이었다. 하마터면 잊어버릴 뻔했던 기한을 정한 이 약속을, 2년 뒤에 두 사람 중 하나가 장

프랑스 몽파르나스에 있는 보부아르와 사르트
르의 합장 무덤.

난처럼 생각해냈고, 연장에 합의했다. 연장의 시한은 특정하지 않았다. 통속적인 규약 어휘로 두 사람의 관계 맺기는 이것이 전부였다. 결혼 계약, 부동산 계약 등에 필요한 선서, 사인, 날인된 문서나 증인 따위는 없었다.

1980년 3월 20일 보부아르는 유난히 꿈자리가 사나워 새벽 5시에 사르트르의 아파트로 찾아갔다. 방문을 노크했으나 기척이 없었다. 문을 열고 들어갔더니 사르트르가 반수 상태로 극도의 호흡 곤란에 빠져 고통스럽게 헉헉거리고 있었다. 너무나 놀란 보부아르가 비상 앰뷸런스를 부르고 병원 응급실로 이송했다. 그로부터 한 달 보름 뒤 사르트르는 보부아르, 헤아리기 어려울 만큼 많은 트리오의 연인들 그리고 친구들과 영원히 작별을 고한다.

51년 동안의 파란과 격동의 세월을 버텨낸 트리오의 실존사랑은 이 세월의 두께를 통해 그 사랑의 진리를 세상에 증명했다. 그리고 이 위대한 사랑의 진리는 그렇게 역사의 뒷장으로 넘겨졌다. 그 사랑이 자신의 진리를 증명하는 방법은 단순했다. 트리오의 그물망 속에서도 길을 잃지 않고, 오직 한 사람을 순전한 자신의 자유로 전생애에 걸쳐 지향하고 선택하고 사랑하기를 거듭한 것, 그것뿐이다.

가족도 친지도 친구도 없고, 주례도 증인도 서약서도 선서도 없었다. 기댈 언덕 같은 그런 장치가 없었던 탓에 그의 선택은 정결하고 단호했다. 그들 사랑의 진리가 발하는 빛은 오직 그 힘에서 오는 것이었으리라.

밀 & 해리엇

"
1830년부터 시작된 우리 관계는 진실되고 간단하게 요약되어야 합니다. 강한 애정, 우정 어린 친밀함, 부도덕한 행동의 부재가 그것입니다. 섹스 외에는 우정을 생각할 줄 모르는, 그리고 상대방의 편의를 봐주고 배려해주는 감정이 성적 욕구를 억누를 수 있음을 믿지 못하는 불쌍한 사람들에게 우리 관계는 좋은 본보기가 될 것입니다.
"

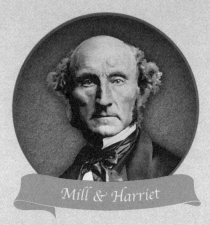

chapter 02

Mill & Harriet

밀과
해리엇의
컬래버레이션 / 최훈

글쓴이 **최훈**

—

서울대학교 철학과를 졸업하고 같은 학교 대학원에
서 철학박사 학위를 받았다. 호주 멜버른 대학교, 캐
나다 위니펙 대학교, 미국 마이애미 대학교 방문학자
를 지냈다. 현재 강원대학교에서 철학을 가르치고 있
다. 이성과 감정이 균형을 이루어야 한다고 믿지만,
감정 과잉인 우리 사회는 아직은 이성이 더 강조되
어야 한다고 생각한다. 그래서 합리적·논리적 사고
의 중요성을 가르치고 글로 전달하는 일을 나름의 사
명으로 여기고 실천하고 있다. 논리학의 스테디셀러
인 《논리는 나의 힘》, 《변호사 논증법》, 철학적 사고
의 기초를 알려주는 《라플라스의 악마, 철학을 묻다》,
《생각을 발견하는 토론학교 철학》, 채식과 동물권에
대한 철학적 담론의 지평을 연 《철학자의 식탁에서
고기가 사라진 이유》, 논리로 배우는 인권 이야기인
《불편하면 따져봐》 등의 저서가 그 성과다. 그 밖에
《데카르트 & 버클리: 세상에 믿을 놈 하나 없다》 등
많은 책을 집필하고 있다.

—

・철학자의 연애는 남다를까?

100명이 연애를 하면 100가지 연애 이야기가 나온다는 말이 있다. 사람들의 연애 방식은 다 다르므로 연애 경험이 많다고 해서 다른 사람의 연애에 도움이 되는 것은 아니라는 취지에서 나온 말이다. 철학자의 연애도 마찬가지다. 철학자마다 다 다를 뿐만 아니라 철학자라고 해서 철학자가 아닌 사람들과 다른 무슨 특별한 연애법이 있는 것은 아니다. 설령 철학자만의 특별한 연애법이 있다고 해도 방금 말했듯이 다른 사람들에게 도움이 되지도 않는다. 그들은 그들만의 연애를 할 것이므로.

연애로 떠들썩한 철학자는 많지 않다. 계약 결혼 관계를 유지하면서 각자 또 다른 연인을 두었던 사르트르와 보부아르나, 평생 동안 네 번 결혼한 러셀 정도가 있을까? 오히려 독신으로 살았고 자유로운 성관계는 인간의 주체적인 존엄성을 해친다고 보았던 칸트가 철학자답게 보이기도 한다. 그래도 철학자의 연애에는 단순한 가십거리로 끝나지 않는 철학자의 철학이 녹아 있을 것 같다는 생각이 든다. 그 연애를 엿보다 보면 철학자의 철학을 주워듣게 되고, 혹시 알겠는가, 내가 연애할 때 어떤 식으로든 써먹을 데가 있을지도 모른다. 존 스튜어트 밀John Stuart Mill, 1806~1873과 해리엇 테일러Harriet Taylor Mill, 1807~1858의 연애와 결혼도 그중 하나다. 19세기 영국 사회에서 남 뒷이야기 하기 좋아하는 사람들의 입에 오르내리기 좋은 이야깃거리지만, 어디 철학자의 연애가 단순한 스캔들로 끝나겠는가? 그 연애에 그들의 철학이 담겨 있지 않을까? 밀은 연애법에 관한 언급은커녕 사랑에 관한 일반적인 진술도 한 적이 없다. 그러나 우리는 여러 기록을 통해 밀과 해리엇 테일러의 연애와 결혼 그리고 거기에 담긴 그들의 철학을 짐작해볼 수 있다. 판사는 판결로 말하고 기자는 기사로 말한다고 하듯이 철학자는 철학으로 말한다. 밀과 해리엇 테일러의 연애와 결혼은 그들의 사생활이긴 하지만, 이를 통해 그들의 철학을 읽을 수 있을 것 같기에 거기에 주목해본다.

▪ 해리엇을 만나기 전까지의 밀의 생애

존 스튜어트 밀은 19세기의 영국 철학자로서 공리주의자로 유명하다. 공리주의를 창시한 제러미 벤담Jeremy Bentham, 1748~1832을 계승한 밀의 다음과 같은 '최대 행복의 원리'는 공리주의가 무엇인지 잘 정의해준다.

도덕의 기초로서 유용성 또는 최대 행복의 원리를 받아들이는 이론은 행위들이 행복을 증진시키는 성향을 지니고 있는 정도에 비례하여 옳으며 행복에 반대되는 것을 증진시키는 경향을 지니고 있는 정도에 비례하여 그르다고 주장한다. 행복이란 쾌락을, 그리고 고통의 부재를 의미하며 불행이란 고통을, 그리고 쾌락의 결여를 의미한다. 밀, 《공리주의》

공리주의는 행복, 곧 쾌락이 있고 고통이 없는 상태를 도덕의 기초로 삼는 이론이다. 다시 말해서 행복을 극대화하는 행동이 윤리적으로 옳으므로, 우리는 더 큰 행복을 가져다주는 방향으로 행동해야 한다는 것이다. 물론 이때의 행복은 나만의 행복은 아니다. 공리주의는 개인의 행복보다는 우리의 행위에 의해 영향을 받는 모든 사람을 행복하게 만드는 것이 좋다고 주장하는데, 이는 벤담의 '유용성의 원리'에 잘 드러난다.

이해관계가 있는 모든 사람의 행복을 증가시키거나 감소시키는 정도에 따라서, 또는 행복을 증진시키거나 억누르는 정도에 따라서 어떤 행위를 허가하거나 불허하는 원리를 뜻한다. 여기에서 내가 말하는 행위란 사적인 행위뿐만 아니라 정부의 법령까지 포함한다. 벤담, 《도덕과 입법의 원리》

벤담의 유용성의 원리를 밀의 최대 행복의 원리와 함께 이해할 때, 공리주의 하면 떠오르는 '최대 다수의 최대 행복'이 무슨 주장인지 잘 이해할 수 있을 것이다. 우리는 자연인인 존 스튜어트 밀과 해리엇 테일러의 연애사에 관심이 있는 것이 아니라 '철학자'로서의 존 스튜어트 밀과 또 다른 '철학자'로서의 해리엇 테일러의 연애에 관심이 있으므로 밀의 공리주의가 어떤 주장인지 잘 알아두자.

이순신 장군이 《난중일기》를 남겼기 때문에 500년 전의 일상이 어땠고 그가 무슨 고민을 하는지 알 수 있는 것처럼, 밀도 《자서전》을 남겼기에 그의 철학이 나온 배경과 일상을 고스란히 들여다볼 수 있다. 이런 기록이 중요한 이유는, 임진왜란 및 정유재란과 관련해 역사적 논란이 되는 몇몇 사안에서 일기를 남긴 이순신 장군 편에 유리한 판단을 내릴 수밖에 없는 것처럼, 우리도 밀의 철학과 연애사에서 논란이 되는 중요한 사안에서 자서전을 남긴 밀의 편에 유리한 판단을 내릴 수밖에 없기 때문이다. 어떤 점에서 그런지는 이 글 마지막에서 거론될 것이다. '자서전' 하면 정치인의 출판 기념회에서 나누어주는 자서전이 먼저 떠오르므로 자서전은 뭔가 과장이나 자기변명으로 일관되지 않을까 염려하는 사람이 많을 것이다. 그러나 자서전을 남긴 철학자로 대중에게 널리 알려진 이는 존 스튜어트 밀과 버트런드 러셀Bertrand Russell, 1872~1970 정도밖에 없다(벤저민 프랭클린을 철학자라고 말할 수 있다면 한 명 추가해도 된다). 공통점은 전체적인 서술이 매우 진솔하고 신뢰가 간다는 점이다. 그러니 밀의 연애도 그의 증언에 기초하여 판단하는 것이 우리로서는 최선이다(여담으로 밀과 러셀은 깊은 관계가 있다. 러셀은 1872년에 태어났는데 밀이 러셀의 대부였다. 밀은 러셀이 태어난 다음 해인 1873년에 죽었다).

밀의 아버지인 제임스 밀James Mill, 1773~1836도 당대의 유명한 경제학자요 철학자였지만, 아들의 명성이 두드러졌던 탓에 존 스튜어트 밀의 아버지로서만 역사에 기록되고 있다. 스코틀랜드 출신인 아버지는 아들 존을 1806년 5월 20일에 런던에서 낳았는데, 존은 6남매 중 장남이었다. 밀의 《자서전》은 아버지에게 받은 교육으로 시작한다. 밀은 정규 학교 교육을 받지 않고 아버지에게 이른바 홈스쿨링을 받는다. 그런데 그 수준과 내용이 가히 천재급이다. 무려 세 살 때 그리스어를 배우기 시작했다. 물론 세 살 때 일이니 본인의 기억이 아니라 그렇게 들었다고 쓴다(《자서전》, 15쪽). 단순히 배우기만 한 것이 아니라, 지금도 그리스어를 배울 때 처음에 읽는 독본인 《아나바시스》(크세노폰이 지은 페르시아 원정기), 《이솝 우화》, 헤로도토스와 크세노폰 등의 그리스 산문, 플라톤의 대화편 등을 읽었다. 그리고 여덟 살 때는 라틴어를 배우기 시작했고 배운 라틴어를 동생들에게 가르치기도 했다. 급기야 열한두어 살 무렵에는 책을 쓰기까지 하는데, 정식으로 출판한 책은 아니고 당시에 읽은 역사책을 간추려 《고대 세계사》, 《로마사》, 《네덜란드사》, 《로마 정치사》를 짓는다. 읽은 책들을 단순히 노트 정리한 수준에 그쳤다고 하기는 사실 어렵다. 《로마 정치사》 같은 경우 귀족과 평민 사이의 투쟁을 서술한 것으로서 로마 사람들이 여러 전쟁과 정복에만 관심을 기울인 기존 역사 서술과 달리 계급 투쟁의 문제라는 자신만의 사관史觀을 보여주었기 때문이다(《자서전》, 24쪽). 그리고 평민에 관심을 기울인 이런 사관은 "모든 사람은 하나로 계산되며, 어느 누구도 하나 이상으로 계산되지 않는다"라는 공리주의의 정신이 이미 당시부터 싹터 있음을 보여준다. 밀은 아버지(밀에 따르면 아버지는 윤리와 정치와 법률에 관한 벤담의 일반적 견해를 철저히 이해하고 대체로 이를 채택한 최초의 사람이다.《자서전》, 65쪽)와 절친한 사이였던 벤담을 어린 시절부터 자주 만나 함께 여행을 다녔고, 벤담이 자주 머문 수도원에 가서 지내곤 했으니 밀이 뼛속부터 공리주의자인 것은 어찌 보면 전혀 이상하지 않다.

밀의 아버지든 밀이든 모두 영국 경험론 철학의 세례를 받았음은 의심의 여지가 없는데, 아버지의 밀 교육은 그런 경험론 철학에 토대를 두고 있으리라 생각할 수 있다. 우리의 관념은 텅 빈 종이와 같고 그 종이에 글을 쓰듯 경험이 쌓여간다는 것이 경험론의 핵심 주장이다. 밀의 아버지도 그 빈 종이를 교육에 의해 자신이 원하는 대로 내용을 가득 채울 수 있다고 믿었을 것이다. 밀도 자신이 텅 빈 종이로 태어난 것은 마찬가지이기 때문에 누구나 그런 교육을 받으면 자신처럼 될 수 있다고 생각한 듯하다. 실제로 밀은 아버지의 가르침에 따라 이렇게 말했다. "…… 무엇이든 내가 남들보다 더 많이 아는 것은 내가 잘난 탓이라 할 수 없고, 내 운이 남달리 좋아서, 나를 가르칠 수 있고 또 수고와 시간을 아끼지 않고 가르쳐준 아버지를 가졌던 때문이며, 또 이와 같은 좋은 조건을 가지지 못한 사람들보다 내가 더 많은 것을 안다고 해서 나를 칭찬할 것은 못 되며, 만일 내가 더 알지 못한다면 오히려 이것이야말로 더할 수 없이 창피한 일"이라고 하였다(《자서전》, 44쪽). 또한 "내가 아는 것을 모르는 사람이 있다고 해서 스스로 자랑스럽게 여길 생각은 전혀 없었다. 또 내가 얻은 학식이 얼마나 되는지는 모르지만 내가 잘나서 얻게 된 것이라고 저

잘난 생각은 한 번도 해본 적이 없다"라고 말한다. 그리고 이렇게도 말한다.

> 만일 내가 나면서부터 이해가 아주 빠르거나, 아주 정확하고 강한 기억력을 가지고 있거나, 남달리 활동적이고 정력적인 성격을 가지고 있었다고 하면, 내가 받은 실험은 결정적인 것이 되지 못할 것이다. 그러나 이 모든 타고난 재주에 있어서 나는 평균 이상이라기보다 오히려 평균 이하였다. 내가 할 수 있었던 일은 웬만한 능력과 건강한 체력을 가진 소년이나 소녀이면 누구나 할 수 있는 일이다. (자서전), 40쪽

겸손함의 언사이지만, 밀이 가지고 태어난 종이가 남들과 똑같이 텅비어 있었다고 해도 종이의 재질이 특별하지 않았겠냐고 생각하는 사람들이 볼 때는 약간 '재수 없는' 말일 수도 있겠다.

밀의 '엄친아'적 성장 환경을 보면 입이 쩍 벌어진다. 조선 시대의 율곡 이이도 세 살 때 석류를 보고 석류피리쇄홍주石榴皮裏碎紅珠("석류 껍질 안에 들어 있는 씨 모양이 붉은 구슬처럼 빛나는구나")라는 한시를 지었고, 열세 살 때 과거에 장원 급제를 했다고 하니(모두 아홉 번이나 장원 급제를 하여 구도장원공이라고 불렸다고 한다) 동양이든 서양이든 천재는 어디에나 있는 모양이다. 그러나 밀이나 율곡처럼 천재성을 계속 발현하여 인류에게 중요한 자산을 물려준 이들은 그리 많지 않다. 어릴 때 받았던 세간의 관심이 부담으로 작용해 평범한 사람으로 또는 그보다도 못한

사람으로 살아가는 비운의 천재가 훨씬 더 많다. 밀이 그렇게 되지 않은 데에는 아버지의 치밀한 교육이 중요한 원인이 되었다(기록에는 남아 있지 않지만 율곡의 어머니인 신사임당도 마찬가지였을 터다). 아들의 천재성을 발견한 아버지라면 조급하게 몰아칠 법도 한데 밀의 아버지는 그러지 않았다. 밀에 따르면 그가 받은 교육은 주입식이 아니었다.

만일 내가 무엇을 한 가지라도 성취한 것이 있다고 하면, 그것은 운이 좋은 환경 탓도 있겠으나, 특히 어릴 때 아버지가 나에게 베푼 훈련을 통해서 내가 나와 같은 나이의 소년들보다 4반세기 앞서 출발한 사실 때문이라고 할 수 있을 것이다. …… 많은 분량의 지식을 주입받은 대부분의 소년들이나 청년들은, 정신 능력이 강화되기보다는 오히려 많은 지식으로 말미암아 지나치게 무거운 짐을 진 셈이 된다. 그들은 오직 사실들과 다른 사람들의 견해나 말투를 주입받는다. 그리고 이런 것들이 그들 자신의 견해를 형성하는 능력 대신에 받아들여지고 있다. …… 그러나 내가 받은 교육은 주입식 교육이 아니었다. 아버지는 배운 것이 무엇이든지 단지 기억력의 연습이 되어버리는 것을 절대로 허락하지 않았다. 그는 가르치는 모든 단계에 이해하는 일을 따르게 하려고 힘썼을 뿐만 아니라, 또한 가능하면 이해하는 것을 가르치는 일에 앞서게 하려고 힘썼다. 어떤 일이든지 생각해서 발견할 수 있는 것은 나 혼자 힘으로 발견하려고 온갖 힘을 다하기 전까지는 절대로 미리 말해주지 않았다. 《자서전》, 40~41쪽 앞서 그 나름대로 명성을 날린 제임스 밀이 아들의 명성에 못 미쳐 존 스튜어트 밀의 아버지로서만 역사에 기록되었다고 말했지만, 밀이 신기한 천재 중 하나가 아니라 인류의 사상사에서 중요한 기여를 한 인물로 남게 된 데에 아버지의 공이 절대적임을 생각해보면 밀의 철학에서 그의 아버지를 떼어놓고 보기는 어렵다. 아들 밀과 아버지 밀 사이의 관계는, 밀과 해리엇 테일러의 관계에 귀띔해주는 바가 많으므로 밀의 삶에서 특별히 관심을 기울여봐야 한다.

밀의 아버지는 동인도 회사에 근무했었는데 1823년에 아들을 같은 회사에 취직시킨다. 밀은 이 회사에서 1858년까지 35년 동안 근무하게 된다. 동인도 회사는 제국주의 영국이 인도의 자본과 토지를 수탈하기 위해 만든 회사이고 제국주의 일본의 동양 척식 주식회사와 비슷한 회사니, 일제 강점기의 경험이 있는 우리에게 밀은 그리 정치적으로 올바른 인물로 보이지 않기도 하다. 한편에서는 《자유론》과 《여성의 예속》을 써서 사상의 자유와 억압받은 여성의 해방을 주장하지만, 다른 한편에서는 제국주의의 앞잡이 노릇을 한 밀이 시대적 한계를 넘어서지 못한 것으로 해석할 수도 있다. 그러나 단지 시대적 한계 탓으로만 보기도 어렵다. 그가 《자유론》에서 "다른 사람의 행동의 자유를 침해할 수 있는 경우는 오직 한 가지, 자기 보호를 위해 필요할 때뿐"이라는 유명한 원칙을 주장하면서도, 그 원칙은 미개 사회에 사는 사람들에게 적용되지 않는다("미개인들을 개명시킬 목적에서 그 목적을 실제 달성하는 데 적합한 수단을 쓴다면, 이런 사회에서는 독재가 정당한 통치 기술이 될 수도 있다." 《자유

해리엇의 초상. 밀과 해리엇이 처음 만났을 때 해리엇은 유부녀였다. 훗날 그녀는 세계 최초로 여성 해방 저서를 쓴다.

론》, 33~34쪽)고 말한 것을 보면 밀 자신의 한계도 있었다고 볼 수 있다. 어쨌든 동인도 회사의 직원으로 근무하면서 몇 가지 학술 모임에 참여하고 잡지에 기고하는 생활이 밀이 해리엇 테일러를 만나기까지의 삶이었다.

해리엇의 생애 그리고 밀과의 만남

해리엇 하디, 해리엇 테일러, 해리엇 밀. 모두 같은 사람을 가리키는 이름이다. 같은 사람이 이렇게 여러 이름을 가지게 된 데에는 결혼하면 남편 성을 따르는 서양 전통에다가 결혼을 두 번 한 이유가 겹쳤기 때문이다. '해리엇 하디'는 1807년에 런던에서 태어났다. 그러니까 밀보다

한 살 어리다. 아버지는 남자 산파였으며, 위로 오빠 둘이 있었고, 해리엇이 태어난 후 남동생 네 명과 여동생 한 명이 더 태어났다. 해리엇은 1826년 열아홉 살(만으로 열여덟 살)의 나이에 29살인 약제 도매상 존 테일러와 결혼하여 '해리엇 테일러'가 된다. 그리고 1849년 첫 번째 남편인 존 테일러가 죽자 2년 후인 1851년에 밀과 결혼한다. 그래서 '해리엇 밀'이 된다. 해리엇은 1858년에 죽고 말아, 밀과의 결혼 생활은 7년밖에 이어지지 못한다.

해리엇은 위 세 가지 이름 중 해리엇 테일러로 가장 많이 불린다. 해리엇 하디로 19년, 해리엇 테일러로 25년, 해리엇 밀로 7년을 살아 해리엇 테일러로 산 햇수가 가장 많으니 그럴 테고, 더 중요하게는 밀과 결혼할 당시 이미 각종 기고 활동으로 해리엇 테일러라는 이름이 널리 알려져 있었기 때문이다. 그러나 우리는 지금 테일러의 부인이 아니라 밀의 연인이며 부인인 해리엇을 살펴보고 있으므로, 해리엇 테일러로 부르는 것은 적절하지 않다. 그렇다고 해서 해리엇 밀로 부를 수도 없다. 《여성의 참정권 부여》를 쓰고, 《여성의 예속》의 사실상의 공저자로 알려진 여성 해방론자인 그를 남편의 성을 따르는 성차별적 인습에 따라 부를 수는 없는 노릇 아닌가. 그러니 그냥 '해리엇'으로 부르기로 하자. 해리엇이 쓴 글들을 발굴하여 《해리엇 테일러 밀 전집The Complete Works of Harriet Taylor Mill》(인디애나 대학교 출판, 1998)이라는 이름으로 출간하기도 한 철학 교수 조 엘런 제이콥스Jo Ellen Jacobs는, 해리엇은 이름으로 부르고 밀은 성으로 부르는 것이 불공평하다고 생각해 그 둘을 해리엇과 존으로 부른다(조 엘런 제이콥스, 《해리엇 테일러 밀의 목소리The Voice of Harriet Taylor Mill》, p. xv). 제이콥스의 처사가 공평해 보이지만 밀이라는 이름이 이미 널리 알려져 있으므로 여기서는 그냥 '해리엇'과 '밀'로 호칭하기로 하자. 한 가지 재미있는 사실은 해리엇의 미혼 때 이름이 해리엇 하디는 해리엇의 어머니 이름이기도 했고, 해리엇이 밀과 결혼한 후의 이름인 해리엇 밀은 밀의 어머니와 누이동생의 이름이기도 했다.

해리엇과 밀은 1830년에 처음 만났다. 이미 1827년에 첫째 아들을 낳은 해리엇은 1830년 2월에 둘째 아들을 낳았고, 그해 겨울에 또 다른 아이를 임신했다. 해리엇은 그 무렵에 자신의 가족이 다니던 유니테리언 교회의 폭스 목사가 소개한 사람들을 집에 초대했는데 그 손님 중에 밀이 섞여 있었다. 밀이 스물다섯 살이고 해리엇이 스무세 살이었던 그때가 그들이 처음 만난 날이다. 밀은 미혼이었고 해리엇은 두 아이의 엄마요 배 속에는 또 한 명의 아이가 있었을 때다. 만나자마자 둘 사이에 불꽃이 튀고 하는 일은 없었다. 밀의 《자서전》은 자서전이라고는 하지만, 자신의 사상이 어떻게 형성되었는가를 중심으로 무미건조하게 서술되어 있어서 해리엇에 대한 감정보다는 객관적인 평가만 기록되어 있을 뿐이다(밀은 《자서전》에서 아버지 이야기는 그렇게 많이 하면서도 어머니 이야기는 한 번도 하지 않는다. 자신의 사상을 형성하는 데 아버지는 결정적이었지만 어머니는 전혀 그렇지 않다고 생각했기 때문일 것이다. 다만 잭 스틸링거Jack Stillinger가 《자서전》의 초고를 발굴하여 펴낸 《존 스튜어트 밀 자서전에 대한 초고The Early Draft of John Stuart Mill's Autobiography》(1961)에서는 어머니에 대

한 기록을 볼 수 있다). 《자서전》에서는 해리엇과 처음 만난 날의 인상이
나 그 후의 데이트 따위에 대해서도 기록되어 있지 않다. 다행히 해리엇
과 밀이 서로에게, 그리고 주변 사람들에게 보낸 편지들을 통해서 구체
적인 행적이나 미세한 감정 등을 복구해낼 수 있다. 밀과 해리엇이 주고
받은 편지들은 프리드리히 하이에크Fridrich Hayek에 의해 수집되어 펴낸
《존 스튜어트 밀과 해리엇 테일러: 그들의 우정과 결혼John Stuart Mill and
Harriet Taylor: Their Friendship and Subsequent Marriage》(1951)에 실려 있다. 이 하
이에크는 다른 사람이 아니라《노예의 길》(나남출판, 2006)을 쓴, 바로 그
자유주의 경제학자 하이에크다. 자유 시장 경제의 사상적 아버지로 불
리는 대학자가 남의 연애편지에나 관심이 있었다니 신기한 일이라고 생
각되는데, 아마 밀의《자유론》을 자유주의 경제 사상의 원조로 생각하여
그의 사생활에도 관심을 두지 않았나 싶다. 그러나 밀은 정치·사상적으
로는 자유주의자이지만 경제적으로는 사회주의적 발언을 더 많이 했다.
하이에크가 밀과 해리엇의 모든 편지를 수집한 것은 아니다. 제2차 세
계대전 때 없어진 것도 있고, 해리엇의 딸이 밀이 죽은 뒤 없애버리기도
했다(앨리스 S. 로시, 〈감성과 지성〉, 177쪽). 그런데 1963년에 토론토 대학
교 출판부에서 존 스튜어 밀 전집이 33권으로 출간되면서 하이에크가
미처 모으지 못한 편지들도 출간되었다. 제이콥스는 이런 편지들과 런
던 정치경제 대학교의 영국 정치·경제학 도서관에 소장된 밀과 해리엇
의 초고들을 기초로 해서 해리엇의 문체에 최대한 가깝게 그의 일기를
가상으로 지었다. 그 책이 앞에서도 한 번 인용한《해리엇 테일러 밀의

목소리》다. 이 글은 상당 부분 제이콥스가 해리엇의 문체를 살려 쓴 그녀의 일기에 의존해 밀과 해리엇의 연애를 들여다볼 것이다.

무미건조하기 짝이 없는 《자서전》에서 밀은 해리엇을 처음 만난 무렵을 다음과 같이 적고 있다.

그녀를 알게 된 지 여러 해 지난 뒤의 일이었지만, 나는 소개받고 얼마 안 되어 그녀가 내가 여태 안 사람들 가운데 가장 존경할 만한 사람이라고 느꼈다. 그러나 그녀가 처음 만났을 때부터, 나중에 대성했을 때처럼 모든 면에서 원숙했던 것은 아니다. 그때의 그녀 정도의 나이로는 아무도 그렇게 대성할 수 없는 법이다. 특히 그녀의 성품으로 보아 처음부터 대성하여 모든 일에 원숙하게 되어 있다는 것은 도저히 있을 수 없는 일이었던 것이다. 그녀에게는 자기 개선, 즉 최고의 의미에서, 그리고 또 모든 의미의 진보는 천성의 법칙이었다. 이것은 첫째로는 진보를 추구할 때의 그녀의 열의로부터, 둘째로는 어떤 인상이나 경험을 얻으면 그것을 그냥 내버려두지 않고 반드시 지혜를 터득하는 원천으로 삼거나 활용하고야 마는 그녀의 심적 능력의 천성적 경향으로부터 우러나온 필연적 결과였다. 내가 그녀를 처음 만나기 전까지는, 그녀의 풍부하고 힘 있는 성품이 주로 여성의 보통 하는 일에서 발휘되었다. 그저 표면적으로 사귀는 사람들에게 그녀는 미인이요, 재치 있는 여자였으며, 또한 자연스러운 기품이 서려 있어서 그녀를 대하는 사람은 누구나 이 기품을 느꼈다. 좀 더 가까운 사람들에게는 깊고 강한 감정을 가졌고 투철하고 직관적인 지성을 가

진, 그리고 남달리 명상적이고, 시적인 성품을 가진 여성이었다. 《자서전》, 192~193쪽

　지혜롭고 기품 있는 미인으로 그리고 있지만 모임에서 알게 된 한 여성에 대한 예의를 갖춘 찬사 정도로 생각되지 연인에 대한 예찬이라고 보기는 어렵다. 그도 그럴 것이, 앞서도 말했지만 해리엇은 이 당시 또 다른 아이의 출산을 앞둔 두 아이의 엄마였으며 건실하고 다정한 남편과의 사이도 나쁘지 않았다. 그리고 밀은 미혼이든 기혼이든 가리지 않고 여자에게 접근하는 호색한이기는커녕, 학교생활 없이 아버지에게 엄격한 홈스쿨링을 오랫동안 받았기 때문에 감정을 표현하거나 사회적 관계를 맺는 데 서툰 사람이었다. 밀의 아버지는 벤담의 친구요 밀의 아버지답게 "행동의 경향이 쾌락을 낳는가 혹은 고통을 낳는가 하는 것을 옳음과 그름의 유일한 시금석으로 삼았"지만 "그는 언제나 한결같이 지적 향락을 다른 모든 쾌락보다 높이 평가하였다". 그리고 "온갖 격렬한 정동에 대해서, 그리고 이런 정동들을 찬양하는 마음에서 말이나 글로 표현한 모든 것에 대해서 그는 최대의 경멸을 공공연히 표시하였다. 그는 이런 것들을 일종의 광기로 보았다. '강렬하다'라는 말은 그에게는 조롱이나 또 언짢게 여기는 뜻을 나타내는 말이었다. 그는 근래 감정이 크게 강조되고 있는 것은 고대의 도덕 표준에 비하여 현대의 도덕 표준이 그릇된 방향으로 나간 것으로 보았다"(《자서전》, 58~59쪽). 이런 아버지에게 어린 시절 교육을 받은 밀이니 처음 만난 여자에게, 그것도 유부녀에

게 순전히 이성으로 접근한다는 것은 상상도 할 수 없다. 실제로 당시 영국의 사상가이며 저술가인 토머스 칼라일Thomas Carlyle, 1795~1881은 밀을 두고 "암컷이라고는 암소조차도 얼굴을 똑바로 쳐다본 적이 없었다" 라고 할 정도다(웬델 로버트 카, 〈머리말〉 16쪽에서 재인용). 그리고 영국의 정치가였고 밀과 해리엇이 처음 만난 모임 때도 참석했던 존 러벅John Lubbock, 1834~1913은 밀에 대해 다음과 같이 쓰고 있다.

그는 이른바 사회에 관해서는 완전히 무지했다. 그는 그 주위에서 돌아가고 있는 세계에 관해서는 아무것도 몰랐다. 그리고 더군다나 여자에 관해서는 어린애였다. 그는 결코 소년들과 놀지 않았고 그는 어떤 소년도 알지 못했고, 이제는 그의 동료인 우리가 사실상 그가 어울려본 최초의 친구들이었다. 로시, 〈감성과 지성〉, 182쪽에서 재인용

밀은 해일러의 남편도 대체로 좋게 평가했다.

남편은 매우 고결하고 용감하고 성실한 사람으로 자유주의적 사상을 품고 있었고, 또 훌륭한 교육을 받은 사람이었다. 그러나 그 아내의 좋은 친구가 되기에 합당한 지적 취미나 예술적 취미는 없었다. 그렇지만 그는 어디까지나 그녀의 성실하고 다정한 벗이었다. 그래서 그녀는 일생 동안 그를 진심으로 존경하였고, 또 그에게 더없이 강한 애정을 품고 있었다. 《자서전》, 193쪽

해리엇의 유부녀라는 신분, 해리엇과 건실한 남편의 무난한 결혼 생활, '여자에 관해서는 어린애'와 같은 밀의 성격 등을 종합해 살펴볼 때, 해리엇과 밀이 처음 만났을 때나 그로부터 어느 정도 시기까지는 둘 사이에 애정이 쌓였으리라고 추측하기는 어렵다.

그러다가 해리엇에 대한 밀의 평가는 예의를 갖춘 찬사에서 거의 여신급으로 바뀐다. 좀 길지만 그의 평가를 들어보자.

가장 높은 사색의 영역에서나, 일상생활의 사소한 실제적 관심사에 있어서나, 그녀의 정신은 한결같이 완전하게 움직였다. 그리하여 문제의 핵심과 진수를 뚫고 들어가 언제나 본질적 관념을 파악하곤 하였다. 정신 능력뿐만 아니라 감성의 능력도 그렇게 정확하게 또 신속하게 활동했으므로, 만일 그녀가 예술가가 되었더라면 그녀의 감정과 상상력의 천품이 합하여 다시없이 훌륭한 예술가가 되었을 것이다. 또 그녀의 불덩어리 같으면서도 부드러운 심혼과 힘찬 웅변은 확실히 그녀를 위대한 웅변가가 되게 했을 것이다. 그리고 인간성에 대한 그녀의 깊은 이해와 실제 생활에 있어서의 분별력 및 예지는 여성이 정계에서 활약할 수 있는 시대라면 그녀를 뛰어난 통치자가 되게 했을 것이다. 그러나 그녀의 이러한 지적 천품은 지금까지 내가 본 가운데서 가장 고상하고 균형이 잘 잡힌 도덕적 성격을 형성하는 데 이바지했을 따름이다. 자기의 이익을 내세우지 않는 그녀의 태도는 누가 그렇게 하라 해서 의무적으로 취하는 것이 아니라, 다른 사람들의 감정을 완전히 자기 자신의 것인 양 다루는 심정에서 우러나온 것이었다. 그리고 이런 태도는 가끔 지나쳐서, 자신의 감정이 강렬한 만큼 남들의 감정도 강렬하겠거니 상상하여 남의 감정을 염려하고 소중히 여겨주곤 하는 것이었다. 정의에 대한 열정은 그녀의 가장 강렬한 감정이라고 생각될 수 있지만, 그러나 그녀에게 사실 이보다 더 강렬했던 감정은 한정 없는 너그러움과 조금이라도 고맙게 여기는 사람에게는 누구에게나 쏟을 준비가 되어 있는 사랑의 심정이었다. 이 밖에 그녀의 도덕적 특성들은 위에서 말한 정신과 심정의 여러 성질에 자연히 따르는 것이었다. 그것들은 다음과 같다: 가장 고매한 긍지와 결합된 가장 진정한 겸손; 무릇 그것을 받기에 합당한 모든 사람에 대한 절대적인 순진성과 성실성; 무엇이든지 비열하고 비겁한 것에 대한 극단의 경멸; 그리고 잔인하거나 포학한 행위와 성격에 대해 신의 없고 파렴치한 모든 것에 대한 타는 듯한 의분. 《자서전》, 194~196쪽

지성으로 보나 예술가로서의 자질로 보나 정치력으로 보나 도덕성으로 보나 한마디로 완벽한 여자라는, 꽤나 손발이 오글거리는 찬사가 아닐 수 없다. 밀의 스물세 살 이전의 삶이 아버지와 함께한 삶이었다면, 스물세 살 이후의 삶은 해리엇과 함께한 삶이라고 할 수 있다. 좀 심하게 말하면 밀의 삶의 스토리에는 아버지와 해리엇만 나온다고 말할 정도로 밀에게 해리엇은 중요 인물이다. 엄친아였고 당시 최고 직장에 다녔던 밀이 애가 딸린 유부녀에게 왜 이렇게도 푹 빠지게 되었을까? 그렇게 푹 빠졌는데도 어떻게 밀과 해리엇은 처음 만난 후 해리엇의 남편

이 죽기까지 21년을 기다린 후에 결혼을 했을까? 이런 궁금증을 좇아 그들의 만남을 더 따라가보자.

•해리엇과 밀의 지적 교류

전도유망한 젊은 총각과 유부녀 사이의 연애는 요즘 세대에 일어나더라도 가십거리의 대상이 될 텐데, 해리엇과 밀의 연애는 보수적인 성도덕이 지배한 빅토리아 시대에 일어났음을 생각해보라. '불륜'의 사전적 의미는 "사람으로서 지켜야 할 도리에서 벗어난 데가 있음"이다. 따라서 사람으로서 지켜야 할 도리를 지키지 않으면 모두 불륜이라고 해도 될 듯한데 우리 사회에서 불륜은 보통 간통이나 혼외정사의 의미로 쓰인다. 조금 있다 말하겠지만, 해리엇과 밀 사이에 결혼 전에 성적 관계가 있었는가는 당시에나 지금이나 호사가의 관심사이기는 하지만 그 둘은 공식적으로는 부인하므로 엄격하게 말하면 세속적 의미에서의 불륜은 아니다. 그러나 남편이 있는 해리엇과 총각인 밀이 남편 없는 집에서 자주 만나고 함께 여행을 간다고 했을 때 그리고 그 관계가 21년이나 지속되었을 때 불륜의 시각으로 보지 않을 사람은 아무도 없을 터다.

불륜은 출생의 비밀, 시대와의 갈등과 함께 막장 드라마의 단골 소재다. 해리엇과 밀의 러브스토리도 영화나 소설의 좋은 소재가 될 것 같은데, 그런 것은 없다. 비슷한 시기에 살았고 역시 유부녀와 총각 사이인 조르주 상드와 쇼팽의 러브스토리는 《쇼팽의 연인》(1991)이라는 영화로 만들어졌는데 말이다. 역시 정열적인 예술가와 이성적인 철학자의 차이가 크다. 그리고 여러 남자와 염문을 뿌린 상드와 남편이 죽기까지 지고 지순하게 기다린 해리엇의 차이도 한 가지 이유가 될 것이다.

해리엇과 밀은 1830년에 처음 만난 이후 해리엇의 집에 폭스 목사, 러벅, 또 다른 정치가인 제임스 그레이엄과 함께 자주 방문한다. 주된 대화 소재는 정치, 잡지 기고, 저술 등이었다. 그러다가 해리엇과 밀은 서로의 정치적·철학적 사상이 비슷하다는 사실을 알게 되며 급속히 친해진다. 밀은 벤담을 계승한 공리주의자이지만, 널리 알려져 있다시피 벤담은 양적 공리주의자, 밀은 질적 공리주의자로 구분된다. 밀도 벤담처럼 쾌락을 삶의 목적으로 추구해야 한다고 봤지만, 벤담과 달리 행복을 위해 쾌락의 양을 늘리기보다는 쾌락의 질을 고려해야 한다고 주장했다. 그는 서로 다른 쾌락의 성질 사이에는 양적 차이만이 아니라, 우월함과 열등함이라는 질적 차이가 있다고 보았기 때문이다. 다음 구절에서 밀이 쾌락의 질적 차이를 어떤 방식으로 구분하는지 확인할 수 있다.

쾌락의 질적 차이가 무슨 뜻이냐, 또는 양이 더 많다는 것을 제외하고 어떤 쾌락을 다른 쾌락보다 더 가치 있게 만드는 것이 무엇이냐고 질문한다면, 이에 대해 할 수 있는 대답은 하나뿐이다. 만일 두 가지 쾌락이 있는데, 이 둘을 모두 경험해본 사람 전부 또는 거의 전부가 도덕적 의무 같은 것과 관계없이 그중 하나를 더 뚜렷하게 선호한다면, 그것이야말로 더욱 바람직한 쾌락이라고 할 수 있을 것이다. 그 둘에 대해 확실하게 잘 아는 사람들이 쾌락의 양이 적고 엄청난 불만족이 따를 수 있다는 것을 잘 알면서도, 그리고 쾌락의 양이 적더라도 어떤 하나를 분명하게 더 원한다면, 우리는 그렇게 더욱 선호되는 즐거움이 양의 많고 적음을 사소하게 만들 정도로 질적으로 훨씬 우월하다고 규정해도 될 것이다. 〈공리주의〉

이 주장에 근거해서 "만족스러운 돼지보다 불만족스러운 인간이 더 낫고, 만족스러운 바보보다 불만족스러운 소크라테스가 더 낫다"라는 유명한 말이 나왔다(이 말은 보통 "배부른 돼지보다 배고픈 소크라테스가 낫다"라는 말로 알려져 있다). 돼지의 배부름과 철학하는 즐거움을 모두 경험해본 소크라테스는 비록 배고프더라도 철학하는 즐거움을 선호할 터이므로, 배고픈 소크라테스가 더욱 바람직한 쾌락가라는 결론이 나온다. 그런데 해리엇도 쾌락에 대해 밀과 견해가 같았다. 1831년의 3월 어느 날, 해리엇의 남편이 밖에서 밥을 먹고 오는 날, 해리엇은 밀만 초청하여 식사를 했다. 이때 해리엇은 유용성으로서의 행복은 단순한 형태의 쾌락과 구분되어야 한다는 취지의 말을 한다. 비록 고통이 따르더라도 지적이고 도덕적으로 성숙된 형태의 행복이 유용성이 더 높다는 것이다. 당시 밀은 일간지《이그재미너》에〈시대의 정신〉이라는 제목의 글을 연재하고 있었는데, 이 만남이 있은 얼마 후 쾌락의 질적 차이를 강조하는 내용의 글을 싣게 된다. 쉽게 얻은 쾌락은 우리 마음을 무기력하게 한다는 것이다. 그러자 해리엇은 자신이 밀에게 영향을 끼친 것 아닌가 생각한다(《해리엇 테일러 밀의 목소리》, 14쪽). 물론 해리엇의 착각이긴

하지만 같은 생각을 가지고 있다는 사실을 확인한 점은 둘을 더욱 가깝게 만들었을 것이다.

해리엇과 밀의 의견이 일치한 또 하나의 영역은 여성의 권위 향상이었다. 남녀 사이에 법적 차별은 없다고 알려진 현대에도 여성 차별은 여전히 문제가 된다. 법적으로 여자라고 해서 학교에 다닐 수도 없거나 선거권이 없는 것도 아니고 취업이 제한되지도 않지만, 고위 임원이나 정치인에서는 여전히 여자를 찾기 어렵다. 이렇게 된 데에는 여성이 어려운 일에 도전하지 않아서인지, 아니면 특정 분야 자체가 여성이 넘기 어려운 벽인 탓에 여성이 아예 도전하기를 포기해서인지는 논란이 된다. 그러나 남성과 여성 중 다른 성으로 태어나지 못한 것을 후회하는 비율을 비교해보면 현대 사회가 남성에게 훨씬 유리한 것은 엄연한 사실이다. 하물며 19세기 영국 사회를 생각해보라. 그때는 여성이 어려운 일에 도전하느냐 하지 않느냐가 논란의 쟁점이 아니라 여성에게는 참정권이나 학교에 다닐 권리 자체가 없었다. 물론 남성 사이에서도 귀족에 대한 차별 대우가 여전히 남아 있었다. 유명한 옥스퍼드 대학교나 케임브리지 대학교는 당시 상류층에게만 입학을 허가했는데, 중산층도 다닐 수 있는 런던 대학교를 설립한 이가 바로 벤담이었다. 그러니 여성이 교육을 받는다는 것은 언감생심이었다. 또한, 정치적 의사 표현을 할 수 있는 참정권을 부여하는 것은 여성에게 법률적으로 동등한 권리를 준다고 간주되어 참정권은 19세기 여성 해방론자 사이에서 초미의 관심사였다. 우리나라는 1948년 제헌 헌법이 만들어지면서 모든 성인 국민에게 똑같이 참정권이 주어졌으므로 여성 참정권을 위한 투쟁 역사가 별로 와 닿지 않을 것이다. 하지만 해리엇과 밀을 비롯한 여성 해방론자의 지난한 투쟁이 있었기 때문에 우리나라도 비교적 쉽게 그 흐름에 힘입어 온 국민이 참정권을 갖게 되었다고 볼 수 있다. 그러나 여성 참정권은 1893년에 뉴질랜드에서 세계 최초로 인정되고, 영국에서는 1928년에 나 되어 인정된다. 그리고 우리가 선진국으로 알고 있는 프랑스는 우리보다 1년 이른 1946년에, 스위스는, 놀라지 마시라, 무려 1971년이 되어서야 여성에게도 남성과 동등한 투표권을 부여한다.

밀은 일찍부터 여성 참정권을 비롯한 여성 평등 문제에 관심이 있었다. 그것은 공리주의 주장에서 자연스럽게 귀결된다. 벤담은 "모든 사람은 하나로 계산되며 어느 누구도 하나 이상으로 계산되지 않는다"라고 말했다. 밀은 벤담의 유용성의 원리와 비슷한 요지의 말을 한다.

> 옳은 행위의 공리주의적 기준을 성립시키는 행복은, 행위자 자신의 행복이 아니라 관련된 모두의 행복이다. 그 자신의 행복과 다른 행복을 놓고서, 공리주의는 행위자로 하여금 공평무사한 선의의 관망자로서 엄격히 불편부당해지기를 요구한다. 《공리주의》, 2장

'모든 사람은 하나로 계산'하고 '불편부당해지기를 요구'하는 공리주의로서 남성인가 여성인가, 백인인가 흑인인가, 귀족인가 서민인가는 전혀 고려 대상이 되지 않는다. 심지어 벤담이나 현대의 공리주의자인

피터 싱어Peter Singer, 1946~ 같은 경우에는 '모든 사람'이나 '불편부당'의 대상에 감각 능력을 갖춘 동물까지도 포함한다. 그러니 남녀평등을 받아들이지 않는 공리주의자는 자기모순에 빠질 수밖에 없다.

밀의《여성의 예속》(1869)은 거의 세계 최초로 쓰인 여성 해방서로 평가할 만하다. 더 정확히 말하면 1792년에 나온 메리 울스턴크래프트Mary Wollstonecraft, 1759~1797의《여성의 권리 옹호》가 세계 최초의 여성 해방서이긴 하다. 그런데《여성의 권리 옹호》가 출간된 후에《짐승의 권리 옹호》라는 책이 익명으로 출간되었다(나중에 토머스 테일러가 쓴 책으로 밝혀졌는데 그는 플라톤과 아리스토텔레스 전집을 처음으로 영어로 번역한 고전학자였다). 제목을 보면 알 수 있듯이《짐승의 권리 옹호》는《여성의 권리 옹호》를 풍자한 책으로, 여성에게 권리를 인정하기 시작하면 짐승에게도 권리를 인정해야 한다고 주장한다. 그러니까 여성에게 권리가 있다고 한다면 개나 소에게도 권리가 있다고 해야 하는데, 개나 소에게 권리가 있다는 것이 말이 안 되듯 여성에게 권리가 있다는 것은 말이 안 된다는 주장이다. 요즘 세상에 이런 유의 풍자적인 책이 나왔다면 토픽감이다. 여성에게 권리가 있다는 주장의 논리와 짐승에게도 권리가 있다는 논리가 같다는 주장도 터무니없을 뿐 아니라, 최근에는 동물에게도 권리가 있다는 주장이 받아들여지기도 하므로 설령 두 논리가 같다 해도 여성에게 권리가 있다는 주장이 말이 안 되지는 않기 때문이다. 그러나 현대를 사는 많은 사람에게 아직도 동물에게도 권리가 있다는 주장이 말이 안 되게 들리듯이, 18~19세기를 살던 사람들에게는 여성에게 권리가 있다는 주장은 말이 안 되게 들렸다. 그런 시대에《여성의 예속》이 나왔으니 밀이 얼마나 선구적인지 짐작할 수 있다. 밀 이후에 주목할 만한 여성 해방서는 사르트르의 평생 연인이었던 보부아르의《제2의 성》(1949)이 나올 때까지 기다려야 한다. 더구나 울스턴크래프트, 보부아르는 여자지만 밀은 남자다. 여성인 여성 해방론자는 자신의 권익을 찾기 위해서 그런 주장을 한다고 생각할 수 있지만, 남성인 밀이 여성 해방론을 주창하는 것을 보면 그가 얼마나 공평무사한지 알 수 있다. 특히 밀이《여성의 예속》을 쓴 것은 그의 나이 예순셋일 때다. 21세기를 사는 60대 남성이 여성을 어떻게 생각할지, 밀과 한번 견주어보라.

후에 이야기하겠지만 밀은 해리엇에게 받은 영향을《자서전》곳곳에서 강조하면서도 여성 해방 문제만은 해리엇과 별개로 형성되었다고 말한다. 7장의 주석을 보면 알 수 있다.

나의 정신적 성장에서 내가 그녀에게서 얻은 바가 많았던 여러 단계는 이 문제에 대해서 아무것도 모르는 사람이 추측할지도 모르는 것과는 아주 거리가 먼 것이다. 가령 법률·정치·사회·가족의 모든 관계에서 남녀 간에 완전히 평등해야 한다는 나의 확고한 신념이 그녀에게서 채택했거나 배운 것일지도 모른다고 상상할 사람이 있을지도 모르겠다. 이것은 사실과는 거리가 먼 것이다. 그러한 신념은 내가 정치 문제에 대해서 깊이 생각한 결과의 하나였던 것이다. 그리고 내가 이 신념을 확고하게 품었던 것은 다른 무엇보다도 그녀로 하여금 나에게 흥미를 가지게 한 가장 큰 원인이라고 나는 믿는다. 내가 그녀를 알기 전에, 이 견해는 이미 내 마음 속에 있었다. 《자서전》, 246쪽

남성으로서 여성 해방 문제에 관심을 기울인 데는 밀과 해리엇의 관계를 떠올리는 것이 자연스러울 텐데 이렇게 말하는 것이 의아하다. 그러나 위에서 말했듯이 밀이 공리주의자로서의 여성을 비롯해 예속된 사람들에게 똑같은 권리를 인정한 것은 해리엇을 만나기 전에 형성되었다고 보는 편이 더 자연스럽다. 물론 해리엇도 밀을 만나기 전에 이미 여성 해방 사상을 가지고 있었다. 둘은 각자 별개로 여성 해방론을 받아들였고, 서로를 만나 그 사상이 더 강화되었다. 실제로 밀은 위 인용문에 바로 이어 그녀를 만나기 전에 마음속에 있었던 견해는 "추상적 원리에 지나지 않았다"라고 인정한다. 그리고 이렇게 말한다.

……《여성의 예속》이라는 책에 표현된, 여성의 여러 가지 무자격에서 생기는 막대한 실제적 결과에 대한 생각은 주로 그녀의 가르침을 통해서 얻은 것이었다. 인간성에 대한 그녀의 보기 드문 지식과 도덕적 및 사회적 영향에 대한 깊은 이해력이 없었던들, 비록 내가 현재와 같은 견해를 가지게 되었을지라도, 여성이 열등한 지위를 가짐으로써 생기는 여러 가지 결과가 현존 사회의 모든 해악 및 인류 진보의 모든 곤란과, 어떤 모양으로 얽히는가에 대해서는 아주 불충분한 개념밖에는 가지지 못했을 것이다. 이 문제에 대한 그녀의 뛰어난 사상을 내가 얼마나 신통치 못하게 표

현했던가, 또 이 작은 저술이 이 문제에 대한 그녀의 사상 전부를 그녀가 몸소 썼거나 혹은 더 오래 살아서 내 불완전한 저서를 수정하고 개선했다면(그녀가 살았으면 반드시 이렇게 했을 것이다), 이렇게 해서 이루어졌을 것보다 얼마나 부족했을까 하는 것을 나는 뼈저리게 의식하고 있다.

《자서전》, 246~247쪽

　밀과 해리엇은 1832년에 결혼과 이혼에 대한 서로의 견해를 주고받은 내용을 각자 글로 썼다. 두 글 모두 짧은 에세이로, 이 글들은 앞에서 말한 하이에크가 편집한 서간집에 실려 있다. 밀은 자신의 저서 상당 부분이 사실은 해리엇과 함께 쓴 글이라고 주장하므로 어디까지가 그의 순수한 주장이고 어디서부터 해리엇의 영향을 받았는지 구분하기가 쉽지 않은데, 이 에세이들은 각자의 이름을 달고 나왔으므로 여성 해방에 관한 밀과 해리엇의 견해를 비교할 수 있는 좋은 자료가 된다. 그것을 보면 해리엇의 견해가 좀 더 진보적이다. 밀은 여전히 여성의 직업은 생활을 장식하고 아름답게 하는 일이고, 여성은 가사 노동과 육아에 전념해야 한다고 주장하는 데 비해, 해리엇은 여성이 남성에 의존하는 한 그것은 창녀나 다름없다고 주장한다. 그리고 여성은 자신이 원하는 어떤 일도 할 수 있어야 하며 그러기 위해서는 교육을 잘 받아야 한다고 말한다. 또한 결혼은 자유롭게 체결하고 해제할 수 있는 법적 계약이어야 한다고 말한다. 그러기 위해서는 결혼 당사자들, 특히 여성은 계약 내용에 대해서 충분히 숙지하고 계약을 맺어야 한다. 여성들도 교육을 받아서,

창녀처럼 경제적인 보호를 받는 대신에 자신의 성을 제공하는 형태의 결혼이 되어서는 안 된다는 것을 알아야 하고 자유롭게 이혼할 수 있다는 것도 알아야 한다는 것이다. 그리고 정부는 결혼과 이혼에 간섭해서는 안 된다고 해리엇은 주장한다.

밀과 해리엇은 약간의 의견 차이는 있지만 관심사나 접근 방법이 같다는 것을 알게 됨에 따라 더욱 자주 만난다. 그들이 지적 관계를 맺으며 공동 견해를 갖고 있다는 사실이 주변 사람들에게도 알려진다. 급기야는 1831년의 어느 날에 해리엇의 절친한 교회 친구인 엘리자는 《에딘버러 리뷰》에 쓴 글의 저자가 밀인지 해리엇인지 묻는다. 그러나 밀과 해리엇 어느 누구도 그 글을 쓰지 않았다(《해리엇 테일러 밀의 목소리》, 17쪽).

밀과 해리엇의 이러한 지적 교류를 생각해봤을 때, 둘의 연애는 기본적으로 서로에게서 지적 갈망을 채워주는 관계라고 보아도 무방하다. 들머리에서 말했듯이 수많은 연애가 있지만 사귐을 통해 서로의 지성이 성장하는 것도 멋진 연애의 한 가지다. 우리는 밀의 다음과 같은 말에서 사귐에 대한 그의 생각을 엿볼 수 있다.

높은 지성을 가진 사람은 비지성적인 사회에 한 사도使徒로서 들어갈 수 있으면 몰라도, 그렇지 않은 한 결코 들어가서는 안 된다. 그러나 한편, 이러한 사회에 들어가도 안전할 수 있는 사람은 오직 이와 같은 높은 목적을 품은 높은 지성의 사람뿐이다. 지성적 갈망을 가진 사람도 될 수 있으면 적어도 자기와 비등한 사람과 평소에 사귀는 것이 좋고 또 가능한

한 지식과 지능 및 정서의 고결한 점에서 자기보다 우수한 사람과 사귀는 것이 좋다. 더욱이 우리의 품성의 형성과 뜻을 정하는 일이 우리의 생각의 몇 가지 기본적인 점에 기초하는 것이라면, 이런 소수의 기본점에 대해서 신념과 감정이 일치한다는 것은, 어느 시대에나 정말 진지한 사람들이 우정이라는 이름에 합당한 것에 절대로 필요한 조건이라고 생각해온 것이다. 이러한 사정이 모두 더해져, 내가 자진해서 사귄 사람의 수는 매우 적었다. 그중에서도 절친하게 사귄 사람은 더욱 적었다. 《자서전》, 232~233쪽

그리고 이어서 "이렇게 아주 친밀하게 사귄 소수 사람들 가운데 으뜸가는 사람은 앞서 말한 바 있는 비길 데 없는 벗이었다"라고 말한다. 그는 물론 해리엇이다.

밀과 해리엇의 이상한 만남

밀과 해리엇이 이런 식으로 지적 교류를 주고받으며 요즘 말로 이른바 썸을 타기 시작하다가, 지적 갈망 해소는 정서적 갈망 해소로 발전한다. 아무리 합리적 철학자의 연애라고 해도 남녀 사이의 연애가 지성만을 주고받음으로 완성되겠는가? 둘 사이가 연인 사이로 발전하게 된 데에는 자주 만나면서 자연스럽게 애정이 싹튼 것도 있겠지만, 몇 가지 원인을 추측해볼 수 있다. 그중 하나는 해리엇이 남편인 테일러와 멀어지게

된 데 있다. 그 이유를 해리엇이 "순진하고 단조로운 …… 무딘 남편에게는 어울리지 않게 세련된 지적·정서적 욕구로 갈등을 겪고 있었다"라고 말한 이도 있다(카, 〈머리말〉, 15쪽). 이렇게 말한 이는 해리엇이 욕구를 충족하지 못하자 당시 가장 촉망받는 젊은 철학자인 밀을 의도적으로 만난 것처럼 기술한다. 그러나 여러 편지로 판단해보건대 그 만남은 그런 의도가 없는 자연스러운 일이었다고 보는 편이 맞을 듯하다. 그리고 테일러가 정말로 '순진하고 단조롭고 무뎠는지' 모르지만, 그것이 해리엇을 남편과 멀어지게 한 이유인지는 근거가 확실하지 않다. 《해리엇 테일러 밀의 목소리》를 쓴 제이콥스는 재미있는 가설을 내놓는데, 테일러가 매독에 걸린 사실을 그 이유로 제시한다. 빅토리아 시대에 매독은 상당히 흔한 질병으로, 중산층 남성이 창녀들을 자주 찾는 데 그 원인이 있다고 한다. 당시 창녀는 런던 인구의 10퍼센트까지 추정되기도 했다고 한다. 당시의 이런 분위기를 감안할 때 결혼할 당시 스물아홉 살이었던 테일러가 결혼 전까지 동정을 지켰으리라고 보기는 어렵고 결혼 전에 매독에 걸렸으리라는 것이 제이콥스의 추측이다. 성병에 걸린 사실을 숨기고 해리엇과 결혼했으리라는 것이다(《해리엇 테일러 밀의 목소리》, 138~139쪽).

빅토리아 시대의 성인 남자들이 빈번히 창녀를 찾았다고 해서 성병에 걸린 상황까지 용서하기란 쉬운 일이 아니었을 것이다. 요즘으로 치면 남편이 에이즈에 걸렸다는 것과 비슷할 테니 말이다. 제이콥스는 해리엇이 남편이 매독에 걸렸다는 사실을 알게 된 때가 셋째 아이를 임신할 때쯤이 아닌가 추측한다. 그때까지 남편과 주고받은 편지에는 애정이 담겨 있었다는 것이 그 근거다. 그런데 셋째 아이를 임신하고 낳을 때쯤의 시기가 마침 밀을 알게 된 시기와 겹쳤기에, 남편에게서 멀어진 마음이 밀에게로 다가가게 하는 계기가 되었을 것이라고 보고 있다.

제이콥스는《해리엇 테일러 밀의 목소리》의 곳곳에서 해리엇이 테일러로부터 매독이 전염되었거나 전염될까 두려워했으리라는 근거를 제시한다(141쪽 이하). 처음 만난 남자(앞서 언급된 러벅)에게 수은을 부탁하는데 이는 매독 치료제로 쓰기 위함이 아니었겠느냐는 것이다. 또 따뜻한 곳으로 자주 여행을 떠난 이유 역시 매독을 치료하기 위한 요양 목적이었을 수 있다. 해리엇은 따뜻한 남부 영국, 남부 프랑스, 이탈리아 등으로 여행을 떠나는데, 이 여행에 밀도 자주 동행한다. 그 여행을 밀회라고 말하기는 힘든 게, 해리엇의 가족이 동행했고 이 시기에는 테일러도 자신의 병에 대한 죄의식 때문에 부인과 밀과의 관계를 공공연히 인정했기 때문이다. 어쨌든 해리엇은 따뜻하고 공기 좋고 풍광 좋은 곳에서 요양도 하고 밀과 연애도 할 수 있는 더없는 기회였을 것이다. 한편 해리엇과 테일러의 아이 한 명과 손자 두 명이 정신 이상으로 죽고, 또 한 명의 손자가 마비 증상으로 죽는데, 이런 비극적 죽음도 매독 탓일 수 있다.

테일러는 점점 더 저녁을 먹고 들어오는 날이 많아진다. 그만큼 밀과 해리엇의 만남은 잦아진다. 테일러는 1838년 11월에 요즘에도 이혼을 앞둔 부부가 자주 하는 말인 "생각의 시간을 갖자"는 이유로 해리엇에게 잠시 파리 여행을 권한다. 말이 좋아 여행이지 별거하자는 이야기다. 요즘처럼 교통이 발달했을 당시가 아니니 이때 여행이란 몇 달짜리 여행이다. 그래서 해리엇은 이때부터 그다음 해 6월까지 파리부터 시작해서 이탈리아까지 유럽 여행을 하게 되는데, 밀은 직장에 휴가를 내고 이 여행에 합류한다. 그리고 여행을 다녀온 해의 9월에 테일러는 해리엇에게 새 집을 빌려주었고, 밀은 자신이 찾아가기 좋은 위치라고 좋아한다 (《해리엇 테일러 밀의 목소리》, 86쪽). 유부녀와 총각이 거의 반공개적으로 사귀고, 유부녀의 남편은 그 만남을 묵인하는 막장스러운 관계가 지속된 것이다. 우리는 해리엇, 테일러, 밀 사이의 이런 관계에 몇 가지 의문을 제기할 수 있다.

왜 해리엇과 테일러는 껍데기뿐인 부부 사이임에도 불구하고 이혼하지 않았을까? 평판 때문이었던 듯하다. 테일러와 밀 모두의 평판 말이다. 나름대로 사회적 지위를 갖추고 있던 테일러는 당시로서는 흔치 않은 이혼으로 그것을 훼손하기 싫었을 것이다. 해리엇 입장에서는 그런 남편의 입장을 존중해주기보다는 밀의 입장을 고려했던 것 같다. 밀과 결혼하기 위해서 이혼한다는 것은 도덕철학자로서의 명성에 타격을 입힌다고 생각했던 듯싶다. 지금도 그런 경향이 있지만 도덕철학자는 행동 자체도 도덕적이어야 한다고 생각한다. 경제학자가 꼭 경제적일 필요는 없고 운동생리학자가 꼭 운동을 잘할 필요는 없는데, 도덕철학자라고 해서 꼭 도덕적이어야 할까? 설령 도덕적이어야 한다고 하더라도 유부녀와 사랑하는 것이 정말로 도덕적이지 못한지도 따져보아야 한다.

지적이고 합리적이고 도덕적인 밀의 이미지를 생각할 때 유부녀와 사귄
다는 일은 놀랍기도 하지만 한편에서는 이해되기도 한다. 이성이 이끄
는 대로 행동하는 철학자로서 사랑하는 사람과 만나는 것이 비도덕적인
지 생각할 이유는 없기 때문이다. 밀은 그렇게 생각했는지 모르지만, 세
상 사람들이 생각하는 도덕은 그렇지 않았고, 해리엇은 편지에서 그런
도덕에 따를 수밖에 없는 고민을 자주 토로한다. 이런 이유 때문에 테일
러가 죽을 때까지 정상적이지 못한 관계를 그냥 유지한 듯하다.

궁금한 점은 이것이다. 왜 테일러는 해리엇과 별거 후에도 계속 금전
적 도움을 줬을까? 그는 해리엇의 요양과 여행 비용도 대주고 따로 살
수 있는 집도 구해주었다. 그런 여행이나 집이 밀과의 연애에 이용된다
는 것을 알면서 말이다. 테일러가 아량이 넓은 대인배라서 그랬다는 해
석도 가능하다. 그러나 제이콥스는 그가 해리엇에게 지은 죄의식 때문
이라고 해석한다(《해리엇 테일러 밀의 목소리》, 142쪽). 글쎄, 테일러의 매
독 때문에 둘 사이가 멀어졌다는 것도 가설에 불과하지만, 설령 그 가설
이 맞는다고 해도 남성 중심의 사회에서 그렇게 오랫동안 죄의식을 품
고 살았으리라고 생각하기는 힘들다.

밀과 해리엇 사이에는 결혼 전에 정말로 성관계가 없었을까? 남편이
없는 집에 자주 방문하고 함께 여행을 다녔는데 없다고 생각하는 게 이
상하지 않을까? 이 점이 당시 사람들도 궁금해했던 것이다. 그러나 밀
은 《자서전》에서 그 궁금증에 아무 대답도 하지 않는다. 다만 해리엇이
1854년에 밀에게 보낸 편지에서 이렇게 말한다.

1830년부터 시작된 우리 관계는······ 진실되고 간단하게 요약되어야 합니다. 강한 애정, 우정 어린 친밀함, 부도덕한 행동의 부재가 그것입니다. 섹스 외에는 우정을 생각할 줄 모르는, 그리고 상대방의 편의를 봐주고 배려해주는 감정이 성적 욕구를 억누를 수 있음을 믿지 못하는 불쌍한 사람들에게 우리 관계는 좋은 본보기가 될 것입니다. 《해리엇 테일러 밀의 전집》, 375쪽

해리엇의 이 말이 진실이라고 보인다. 남에게 보여주는 글이 아닌데 굳이 거짓말할 이유는 없으니까. 밀과 해리엇의 사이에 관심이 있는 여러 연구자는 둘 사이에 성적 관계가 없었으리라고 결론 내린다(제이콥스도, 로시도 그렇고 《사랑에 빠진 존 스튜어트 밀John Stuart Mill in Love》를 쓴 캠Josephine Kamm도 그렇다). 왜 성적 관계가 없었는지 우리는 추측할 수밖에 없다. 밀과 해리엇 모두 플라토닉 사랑을 추앙해서 성관계에 혐오감을 느꼈을 수도 있다. 당시 사람들 사이에서 떠도는 말처럼 밀이 성에 관심이 도통 없는 사람이었거나 불능이었는지도 모른다. 제이콥스가 추측하듯 테일러의 매독에 전염된 해리엇이 밀에게 전염될까 기피했는지도 모른다. 그러나 성관계가 있었으면 어떻고 없었으면 어떤가? 그들만의 내밀한 사생활에 불필요한 관심을 갖지 말자.

· 밀과 해리엇의 컬래버레이션
밀과 해리엇은 가장 힘든 시기에 이제 지성적으로뿐만 아니라 정서적으

로도 서로에게 의존한다. 앞에서 한 번 이야기했던 칼라일이 2년에 걸쳐 쓴 《프랑스 혁명사》의 초고를 밀에게 읽어봐달라고 했다. 밀은 그것을 읽은 다음 칼라일에게 돌려주려고 했는데 원고가 없었다. 하녀에게 물으니 버리는 종이 뭉치인 줄 알고 불쏘시개로 써버렸다는 것이다. 복사기도 없던 때이니 그게 유일한 원고였다. 이런 일이 일어났을 때 밀이 가장 먼저 상의한 사람이 해리엇이었다. 칼라일이 그 원고를 다시 쓴 것은 지금까지도 회자되는 유명한 이야기다. 해리엇이 가장 의지한 사람 역시 밀이었다. 해리엇은 테일러를 간호할 때 거의 매일 밀에게 테일러의 상태에 대해 편지를 보냈고, 테일러가 죽었을 때 괴로움을 상의한 사람은 가족이 아니라 밀이었다. 그렇게 그들은 깊은 우정과 사랑을 나누었다.

그러나 밀과 해리엇의 관계에서 가장 주목할 만한 것은 역시 지적 관계다. 그 둘은 서로의 지성에 영향을 끼친 정도가 아니라 이제는 본격적으로 함께 작업을 한다. '컬래버레이션'은 보통 유명 기업끼리, 유명 예술가끼리 공동으로 작업하는 것을 말한다. 컬래버레이션은 밀과 해리엇의 협업에 딱 맞는 말이다. 밀은 그가 쓴 모든 책이 비록 자신의 이름으로 나왔지만 누구의 공헌을 가릴 수 없을 만큼 해리엇과 함께 한 작업임을 분명히 말하고 있다.

두 사람이 완전히 같은 사상과 사색을 가지고 있을 때, 지적으로나 도덕적으로 관심을 가진 모든 문제를 일상생활에서 서로 늘 토론하고 또 일반 독자를 위해서 글을 쓸 때보다도 훨씬 더 깊게 자주 탐구할 때, 그리고 같은 원칙에서 출발하여 공동 연구로 결론에 도달할 때, 사상의 독창성을 문제 삼음에 있어 누가 붓을 들었는가 하는 것은 대수롭지 않은 일이다. 정작 글 쓰는 일을 많이 맡지 않은 사람이 사상 면에서는 가장 많은 공헌을 할 수 있는 것이다. 그 결과로 나온 저작은 두 사람의 합작이요, 따라서 각자가 쓴 부분을 가려낼 수 없는 것이 보통이어서, 이 부분은 누가 쓰고 저 부분은 누가 썼다고 꼬집어 말할 수가 없다. 이런 넓은 의미에서, 우리가 결혼하며 함께 산 여러 해 동안뿐만 아니라, 이에 앞서 친하게 교제하던 여러 해 동안에도, 내가 발표한 모든 저술은 내 것이라고 할 수 있는 것에 못지않게 또한 그녀의 것이라고도 할 수 있는 것이다. 그리고 해가 지남에 따라 그녀의 기여는 더욱 늘어갔다. …… 그녀의 정신이 내 정신에 전반적인 영향을 끼친 것은 두말할 것도 없지만, 이상과 같이 합동해서 낸 저술에 있는 가장 가치 있는 사상과 특징—중요한 결과를 내는 데 가장 크게 이바지한 사상과 특성—은 그녀에게서 시작되고, 그녀의 정신에서 흘러나온 것이다. 그런 사상과 특성 가운데 나에게서 나온 것이라고는 이전의 사상가들에게서 얻어내 나의 사상 체계에 합쳐 넣음으로써 내 것으로 만든 사상밖에는 없었다. 《자서전》, 244~245쪽

이 정도면 예의상 해리엇의 공헌을 인정한 정도가 아니라 실제로 공동 저작이나 다름없다고 생각할 만하다. 밀이 "모든 저술은 내 것이라고 할 수 있는 것에 못지않게 또한 그녀의 것이라고도 할 수 있다"라고 말

해도,《자서전》만은 분명히 혼자 썼다고 해야 할 것이다. 그러나 이 자서전마저도 해리엇의 검토를 받은 사실은 기록으로 남아 있다. 《자서전》의 초고가 남아 있는데, 원고 초고는 밀에 의해 쓰였고 해리엇은 거기에 연필로 수정하고 논평을 했다고 한다. 그리고 밀이 그 제안을 받아들이면 연필로 수정한 것 위에 펜으로 썼다고 한다(로시,〈감성과 지성〉, 178쪽). 《자서전》마저 이 정도면 다른 저술에 대해서는 밀의 위와 같은 증언이 상당히 신빙성 있다고 보아야 할 것이다.

밀은 상당히 구체적으로 자신의 저술에서 해리엇이 어떤 기여를 했는지 설명한다. 《논리학 체계》는 작문상의 사소한 문제를 제외하고는 해리엇의 힘을 빌리지 않았지만, 그 작문에서도 그의 엄정하고 투철한 비판으로 많이 나아졌다고 한다. 《경제학 원리》는 자신의 저서 가운데서 해리엇의 공헌이 두드러지게 나타난 최초의 책이라고 한다. 그 책에서 〈노동 계급의 미래에 대한 예상〉이라는 장은 초고에는 없었는데 순전히 해리엇 때문에 생겼다고 말한다. 《여성의 예속》은 해리엇의 영향이 아주 클 것 같지만 여성의 권리에 대해서는 이미 해리엇과 상관없이 독립적으로 문제의식을 가지고 있었음은 앞서 말했다. 그러나 《여성의 예속》은 해리엇 사후에 출간되었는데, 밀은 해리엇이 살아 있었다면 얼마나 더 잘 수정하고 개선했을지 안타까워했다.

《자유론》의 경우에는 아예 "함께 저술하고 있었다"라고 말한다(《자서전》, 251쪽). 이 책은 특히 밀에게 가슴 아픈 기억을 남겨준다. 1858년에 이 책의 수정을 앞두고 남유럽을 함께 여행하다가 해리엇이 프랑스 아

해리엇의 딸 헬렌 테일러와 밀. 해리엇이 죽은 뒤 헬렌은 15년간 밀의 저술 작업을 도왔다.

비뇽에서 폐출혈로 죽고 만다. 세계사 시간에 '아비뇽의 유수'라고 배웠던 바로 그 아비뇽이다. 밀은 그곳에서 집을 짓고 해리엇의 딸 헬렌 테일러와 함께 살며 《자유론》과 《여성의 예속》을 집필한다. 《자유론》의 헌사는 당연히 해리엇에게 바쳐져 있는데, 밀이 해리엇을 어떻게 생각했는지, 둘 사이가 어떤 관계인지 구구절절이 잘 드러난다.

진리와 정의에 대한 높은 식견과 고매한 감정으로 나를 한없이 감화시켰던 사람, 칭찬 한마디로 나를 무척이나 기쁘게 해주었던 사람, 내가 쓴 글 중에서 가장 뛰어나다고 할 수 있는 것은 모두 그녀의 영감에서 나온 것이기에 그런 글을 나와 같이 쓴 것이나 마찬가지인 사람, 함께했던 사랑스럽고 아름다운 추억, 그리고 그 비통했던 순간을 그리며 나의 친구이자 아내였던 바로 그 사람에게 이 책을 바친다.

지난 오랜 세월 동안 내가 저술했던 다른 글과 마찬가지로, 이 책 역시 그녀와 내가 같이 쓴 것이나 다름없다. 그러나 불행하게도 이 책은 그녀가 수정하지 못했다. 특히 가장 중요한 몇몇 부분은 그녀의 세심한 재검토를 받기 위해 일부러 남겨놓았는데, 그만 뜻하지 않은 그녀의 죽음 때문에 이 모든 기대를 접을 수밖에 없었다. 그 무엇과도 비교할 수 없을 만큼 소중한 기회를 놓쳐버리고 만 것이다. 그녀는 참으로 깊고 그윽한 지혜의 소유자였다. 이제 그녀와 같이 무덤 속에 묻혀버리고 만 그 위대한 생각과 고상한 감정의 절반만이라도 건져낼 수 있다면, 거기서 내가 얻는 혜택은 이루 말로 다할 수 없이 클 것이다. 《자유론》

밀은 왜 이렇게 자신의 저술은 해리엇과 함께 썼다고 강조하면서도 저자로 둘의 이름을 함께 올리지 않았을까? 쉽게 생각해볼 수 있는 이유는 밀이 이미 상당히 이름이 알려져 있었고, 여성의 이름을 함께 올리는 것이 평판이나 판매에 도움이 되지 않는 당시의 분위기 때문일 것이다. 그러나 한 극단에서는 사실은 협업에서 해리엇이 밀보다 더 주도적인 역할을 했다는 견해도 있는 데 반해, 다른 한편에서는 해리엇이 정말로 밀과 협업했을까 의심하는 사람도 많다. 그가 밀의 저술 작업을 도왔을지는 모르지만 대등한 위치에서 작업했다고 보기는 힘들다는 것이다. 해리엇은 밀의 초고가 나오면 한번 훑어보거나 색인 만드는 작업을 하거나 교정을 보거나 필사를 하는 정도의 작업을 했으리라는 것이다. (《해리엇 테일러 밀의 목소리》(196쪽)는 그런 해석을 하는 연구자들을 인용한다.) 밀이 여러 번 반복해서 해리엇과 함께 썼다고 말하는데 믿지 않는 사람이 왜 그렇게 많을까?

하긴 이런 공동 작업뿐만 아니라 밀이 극찬해 마지않는 해리엇의 성품에 대해서도 부정적으로 보는 사람이 많았다. 로시는 〈감성과 지성〉(207~209쪽)에서 그런 부정적 평가를 몇 가지 인용한다. "어리석은 여자" "만일 그녀가 밀이 생각했던 만큼 훌륭한 사람이라면, 적어도 밀 아닌 누군가가 우리에게 지적해주어야 할 것이다" "어떤 면에서는 심술궂고 이기적인, 비정상적 여자를 상상화하고 이상화한 것의 산물인 셈" "정신적인 휴대용 섬광 이상의 것을 가지지 못했고 …… 문학사에서 가장 상스럽고 우둔한 숙녀들 중 하나이고, 장엄할 뿐만 아니라 매력도 결여하고 있어 비열한 자존의 기념비[이고] …… 그녀의 편지는 '상처받은 자존심, 사소한 이기주의와 야심'으로 가득 찬 '피와 살이 없는 특징'을 보여준다"와 같은 것들이 그런 사례다. 이것은 부정적 평가 정도가 아니라, 그 둘 사이를 모르는 사람이 들어도 신랄하기 짝이 없는 흠집 잡기 수준이다. 그들의 공동 작업이나 해리엇의 됨됨이를 이렇게 깎아내리는 것은 해리엇이 여성인 탓일 것이다. 철학사에 길이 남는 밀의 위대한 작업에 어디 감히 여자가 기여한 바가 있다는 말이냐고 생각하거나, 있다 해도 질투를 드러낸 것이다. 얌전하고 집안일로 내조하는 여성상을 그리는 사람으로서는 지적 성취를 이루어내고 사고의 발전에 적극 참여하는 여성의 모습을 인정하기 힘들었을 테다. 해리엇과 밀이 그렇게 싸워

온 여성 차별 의식이 그들에게마저 굳건하게 남아 있음이 안타깝다.

100명이 연애를 하면 100가지 연애 이야기가 나온다는 말로 이 글을 시작했다. 사람들의 연애 방식은 모두 다르다. 제 눈에 안경이라는 말이 있듯이 사람들이 좋아하고 사랑하는 스타일은 모두 다르다. 밀이 해리엇을 여신으로 추앙한다면 해리엇은 여신이 맞고, 밀이 자신의 저술을 해리엇과 함께 썼다면 함께 쓴 것이 맞는 말이다. 둘 사이의 연애에 대해서는 밀이 아닌 다른 사람이 왈가왈부할 일이 전혀 아니다. 지적 동반자요, 컬래버레이션으로서의 연애의 한 모범을 보여주고, 연애에서 자신의 철학을 실천한 밀과 해리엇의 연애는 철학자들로서 보여줄 수 있는 가장 모범적 연애가 아닐까?

참고 문헌

• 웬델 로버트 카, 〈머리말〉, 《여성의 예속》, 김민예숙 옮김, 이화여자대학출판부, 171~243쪽에 실림.
• 제러미 벤담, 《도덕과 입법의 원리 서설》, 고정식 옮김, 나남출판, 2011.
• 존 스튜어트 밀, 《존 스튜어트 밀 자서전》, 최명관 옮김, 창, 2010. 본문에서는 《자서전》으로 인용했다.
• 존 스튜어트 밀, 《자유론》, 서병훈 옮김, 책세상, 2005.
• 존 스튜어트 밀, 《여성의 예속》, 김민예숙 옮김, 이화여자대학교출판부, 1986.
• 존 스튜어트 밀, 《공리주의》, 서병훈 옮김, 책세상, 2007.
• 앨리스 S. 로시, 〈감성과 지성: 존 스튜어트 밀과 해리엇 테일러 밀의 이야기〉, 《여성의 예속》, 김민예숙 옮김, 171~243쪽에 실림. 본디는 앨리스 S. 로시(Alice S. Rossi)가 편집한 *John S. Mill & Harriet T. Mill, Essays on Sex Equality*(1970)에 실려 있음.
• Jo Ellen Jacobs, *The Complete Works of Harriet Taylor Mill*, Indiana University Press, 1998.
• Jo Ellen Jacobs, *The Voice of Harriet Taylor Mill*, Indiana University Press, 2002.

하 이 데 거 & 아 렌 트

"
하이데거와 아렌트가 처음 만난 곳은 아마도 강의실이었을 것이다. 쾌활해 보이고 매력적인 여학생과 강의실 안을 메운 젊은이들을 거의 마법과도 같은 힘으로 매료시켰던 젊은 철학자 사이의 만남이었던 셈이다. 그 만남은 에로스의 심술궂은 장난의 희생양이 그렇듯이 급속도로 발전했다. 겉으로는 명랑해 보였지만 어린 나이에 아버지를 여읜 탓에 심리적으로는 유약했던 아렌트의 상태는 문학을 사랑하며 듣는 사람으로 하여금 예외 없이 깊은 철학적 사색에 빠져들게 만드는 재주를 가진 하이데거를 특별한 의미로 생각하게 만들었는지도 모른다. 그러나 이미 유부남이었던 하이데거와 어린 제자 사이의 관계는 은밀할 수밖에 없었다. "

chapter 03

Heidegger & Arendt

열정과
지성
사이에서 <small>박승억</small>

글쓴이 **박승억**

—

성균관대학교 철학과를 졸업했으며, 동 대학원에서
현상학적 학문 이론으로 박사 학위를 취득했다. 독일
트리어 대학교 Post-Doc, 청주대학교 교수를 거쳐 현
재 숙명여자대학교 교양교육원 교수로 재직 중이다.
〈Facetten der eine Welt〉, 〈키와 돛-형이상학 없는
시대에서의 과학과 윤리〉 등 다수의 논문과 《찰리의
철학공장》, 《후설&하이데거: 현상학, 철학의 위기를
돌파하라》 등의 책을 쓰고, 《두려움 없는 미래》, 《20
세기 수학자들의 초상》 등의 책을 번역하기도 했다.

—

말하자면, 열병과도 같은

사랑은 언제나 아름다운 이름일 수 있을까? 때로는 당사자가 아니라면 결코 이해하기 어려운 드라마가 바로 사랑인 경우도 있다. 주인공 마르틴 하이데거Martin Heidegger, 1889~1976와 한나 아렌트Hannah Arendt, 1906~1975의 사랑은 당시나 요즘이나 쉽게 용인되기 어려운 사제지간의 사랑이었다. 그래서 20세기 지성사를 장식할 중요한 두 주인공 간의 드라마는 그들의 사상이 남긴 영향력의 크기만큼이나 이해하기 어려울지도 모른다. 아니 그들의 관계가 사랑이었는지, 아니면 한쪽에서는 맹목적이었고 다른 쪽에서는 그저 무책임한 관계였는지조차 모를 일이다. 하지만 18세 나이의 대학 1학년생과 이제 막 독일 철학계에 그 이름을 날리기 시작한 젊은 교수 사이의 관계는 한나 아렌트가 69세의 나이로 죽을 때까지 이어졌으니 그저 주체할 수 없는 한때의 열정으로 빚어진 치정이라고 치부해버리기는 어렵다. 더구나 아렌트는 자신의 사상적 여정을 하이데거에게 힘입고 있으며 본인 스스로도 그 사실을 분명히 고백하고 있는 한, 그 둘 사이의 관계를 쉽사리 단정해서 말하기란 쉽지 않다.

의심할 여지 없이 20세기 지성사에서 가장 영향력이 큰 두 사람 사이의 스캔들은 특히나 독일 나치Nazis(국가사회주의 독일노동자당NSDAP)에 협력했다는 의심을 샀던 사상가(하이데거)와, 평생을 나치즘과 같은 전체주의와 싸움을 벌였던 유대인 사상가(아렌트) 사이의 내밀한 관계였다는 점에서 사람들의 이목을 끌기에 충분했다. 하이데거는 제1차 세계대전의 패배로 인해 바닥까지 추락한 민족적 자존심과 어려운 경제 상황 속에서 방황하는 사람들에게 실존적 삶에 관한 철학적 메시지를 전하는 것이 자신의 사명이라고 믿었다. 반면 아렌트는 독일 사회에서 언제나 이방인이자 자신의 정체성을 고민해야 했던 유대인이었으며, 결국에는 나치의 위협을 피해 독일을 벗어나야 했고 아우슈비츠라는 상징이 지배하는 시대를 온몸으로 겪어야만 했던 사람이다. 따라서 두 사람 사이의 관계는 이미 그 시작부터 역사의 소용돌이 속에서 방향을 가늠할 수 없는 상태였는지도 모른다.

하이데거와 아렌트가 처음 만난 곳은 아마도 강의실이었을 것이다. 쾌활해 보이고 매력적인 여학생과 강의실 안을 메운 젊은이들을 거의 마법과도 같은 힘으로 매료시켰던 젊은 철학자 사이의 만남이었던 셈이다. 그 만남은 에로스의 심술궂은 장난의 희생양이 그렇듯이 급속도로 발전했다. 겉으로는 명랑해 보였지만 어린 나이에 아버지를 여읜 탓에 심리적으로는 유약했던 아렌트의 상태는 문학을 사랑하며 듣는 사람으로 하여금 예외 없이 깊은 철학적 사색에 빠져들게 만드는 재주를 가진 하이데거를 특별한 의미로 생각하게 만들었는지도 모른다. 그러나 이미 유부남이었던 하이데거와 어린 제자 사이의 관계는 은밀할 수밖에 없었다. 하이데거는 자신의 열정을 위해 자신이 이룬 모든 것을 포기할 만한 사람은 아니었기 때문이다. 아렌트에게 하이데거는 사유한다는 것이 무엇인지를 보여준 인도자였으며, 하이데거에게 아렌트는 자신의 사유 여정을 이해하고 경청할 줄 아는, 그래서 하이데거에게 삶의 활력을 불어넣었던 총명한 학생이었다. 비록 하이데거가 지나치게 권위적이었고 둘 사이의 관계에서도 독선적이었으나, 그가 보여준 압도적인 사유의 힘은 아렌트로 하여금 그를 스승이자 보호자로 여기게 만들었다. 하이데거와 아렌트의 관계는 아렌트가 혹시나 자신과의 관계가 하이데거를 곤란하게 만들까 노심초사할 정도였다.

물론 하이데거는 자신의 가정을 깨고 싶지 않았으며, 그렇다고 아렌트를 포기할 생각도 없었다. 그래서 그런 불안한 관계의 끝은 아렌트가 먼저 선택한 듯하다. 아렌트는 하이데거와 연애를 시작한 지 1년 남짓 지난 1926년 하이데거가 있는 마르부르크 대학교를 떠나 결국 하이델베르크 대학교의 야스퍼스Karl Jaspers, 1883~1969에게 간다. 이로써 두 사람 사이의 관계는 끝난 듯 보였다. 아렌트의 본심은 하이데거 곁에서 자신의 학위 논문을 완성하고 싶었겠지만, 그것은 너무나 위험했다. 하이데거 역시 은연중에 아렌트가 다른 곳으로 갔으면 하는 눈치를 보이기도 했다. 따라서 아렌트가 야스퍼스에게 간 것이 하이데거에게는 차라리 다행이었는지도 모른다.

야스퍼스는 또 다른 의미에서 하이데거와 인연을 맺고 있었다. 야스퍼스는 자신보다 나이 어린 하이데거에게 새로운 철학의 가능성을 보고 존중해주었던 사람이다. 야스퍼스가 하이데거를 얼마나 신뢰했는지는 나중에 하이데거가 연합군으로부터 나치 협력자라는 의심을 받을 때에 조차 그를 위해 변호했다는 데서 짐작할 수 있다. 야스퍼스 자신이 하이데거의 전력과 인물 됨을 의심할 만한 충분한 증거를 갖고 있었음에도 그랬다. 무엇 때문이었을까. 그것은 야스퍼스가 하이데거에게 오랫동안 품었던 기대를 포기하지 못했기 때문인지도 모른다.

비록 아렌트가 마르부르크를 떠나기는 했지만 하이데거와 아렌트 사이의 인연이 끝나지는 않았다. 그것은 역사의 질곡 속에서도 이어질 두 사람의 긴 인연을 예비하는 짧은 변주곡의 시작이었을 뿐이다. 한동안 침묵 후에 하이데거와 아렌트 사이의 편지는 재개되었고, 둘 사이의 관계는 모호한 상태로 지속되었다. 시간이 지남에 따라 둘의 관계는 소원해지기 시작했고, 공교롭게도 나치의 유대인 핍박은 더욱 거세졌다. 결국 1933년 아렌트가 나치의 독일을 떠나 프랑스를 거쳐 그의 남편 하인리히 블뤼허Heinrich Blücher, 1899~1970와 함께 미국으로 건너간 뒤 제2차 세계대전이 끝날 때까지, 하이데거와 아렌트 사이의 인연은 일종의 휴지기를 맞았다. 그사이 하이데거는 1928년 자신의 스승이었던 에드문트 후설Edmund Husserl, 1859~1938의 뒤를 이어 프라이부르크 대학교의 정교수가 되었고, 국가사회주의 독일노동자당, 즉 나치에 협력하는 일련의 행보를 계속한다. 어쩌면 이러한 일련의 과정은 독일인이었던 하이데거와 유대인이었던 아렌트 사이에 넘어설 수 없는 벽을 쌓는 일이었는지도 모른다.

하이데거와 나치 사이의 관계는 적어도 공식적으로는 절반의 진실만 드러났다. 프라이부르크 총장 취임 연설과 그의 유대인 동료들에 대한 행적을 보고한 행위는 확실히 그가 친나치적이었음을 보여주는 증거다. 아울러 그의 아내였던 엘프리데 하이데거Elfride Heidegger는 나치의 열혈 당원이기도 했으며(사실 아렌트는 공공연히 하이데거의 친나치적 행적이 그의 아내 때문이었다고 말했다), 하이데거는 자신의 많은 일을 아내에게 맡기곤 했다. 그럼에도 전후에 연합군에 의해 하이데거가 강의를 금지당하고 모든 공식 활동에 제약을 받게 되었을 때, 하이데거는 그의 아내와 함께 자신이 그렇게 행동할 수밖에 없는 상황이었음을 주장했다. 그리고 은연중에 야스퍼스와 이미 미국에서 자리를 잡은 아렌트에게 도움을 청하기도 했다. 아렌트 역시 그런 하이데거를 이해해주었으며, 그를 위한 변호에 나서기까지 했다.

여기저기서 하이데거의 과거 전력을 의심케 하는 증거가 충분히 발견되었으나, 아렌트는 그런 증거를 심각하게 생각하지 않은 듯했다. 그것이 인류의 철학적 삶에 대한 하이데거의 타고난 재능을 아까워했던 탓인지(확실히 아렌트의 남편이었던 블뤼허는 하이데거 철학의 추종자였으며, 그래서 아렌트가 하이데거를 지원하도록 종용하기도 했던 것 같다), 혹은 여

한나 아렌트. 평생 전체주의와 싸웠던 유대인 아렌트와 독일 나치에 협력했다는 의심을 산 하이데거와의 관계는 그녀가 69세로 죽을 때까지 계속됐다.

전히 남아 있던 하이데거에 대한 연민 때문이었는지는 모를 일이다. 하이데거와 아렌트 사이의 모호한 관계는 그렇게 다시금 시작되었고, 아렌트는 하이데거의 작품들을 미국에서 번역 출간하는 일을 도맡아 진행하기도 했다. 비록 현실적인 상황은 하이데거가 아렌트의 지원을 받아야 하는, 그래서 과거 아렌트가 철없던 시절에 비하면 상황은 역전되었지만 아렌트에게 하이데거의 의미는 여전했다. 그리고 그런 관계는 그녀가 생을 다하는 순간까지 지속되었다.

하이데거와 아렌트 사이의 내밀한 관계를 제3자의 시선으로 관찰하는 것은 정확하지도 않을뿐더러 무의미한 일이기 쉽다. 무엇보다 그들 자신이 상대방에 대한 감정과 입장을 끊임없이 의심했던 듯 보이기 때문이다. 그래서 그들의 연애에 대해 이러쿵저러쿵 평하는 것은 호기심 많은 사람의 가십거리에 지나지 않을지도 모른다. 다만 그들의 연애를 어떻게 평하든 한 가지만은 분명하다. 두 사람 모두 자신이 처한 상황 아래서 그들 스스로가 살아내야 했던 시대의 요구를 결코 외면하지 않은 철학자이자 사상가였다는 점이다.

• 철학적 사유의 새로운 도전

하이데거에게 빠져들었던 사람이 오직 한나 아렌트뿐이지는 않았다. 아니 그는 당시 독일의 젊은 지성인에게는 새로운 철학적 사유의 한 상징이었다. 그리고 그 새로운 철학적 사유란 당시로서는 이미 시들해진 존재론적 문제의식이었다. 사실 하이데거의 철학은 철학의 위기에서 시작한다. 그 위기는 철학의 정체성과 역할의 문제였다. 대개의 위기가 그렇듯이 철학의 위기가 오직 철학만의 문제는 아니다. 그것은 그 시대가 부여한 철학의 역할을 제대로 수행하고 있느냐에 대한 반성에서 시작된 것이기 때문이다. 달리 말해, 철학의 위기는 동요하는 당시의 시대적 상황에 대한 정신적 표지였던 셈이다.

오랫동안 철학은 세계를 직접적으로 탐구하는 역할을 자임해왔다. 그런 탓에 철학은 학문 일반의 상징이었다. 그러나 근대 자연과학의 발전은 철학의 안이한 태도를 변화시켰다. 세계에 대한 직접적 탐구는 이제 자연과학의 몫이 되었다. 자연과학이 성공하면서 사람들은 학문적 탐구의 새로운 전형이 바로 과학적 방법임을 확신하게 되었다. 이전까지는 철학의 품 안에 있던 탐구가 자신만의 고유한 이름을 갖고 새로운 분과 학문으로 독립하기 시작했으며, 학문의 이러한 분화는 철학의 역할을 더욱더 위축시켰다. 칸트Immanuel Kant, 1724~1804의 철학은 그런 위기 상황에 대한 순순한 고백이었다. 칸트는 세계를 직접 탐구하는 역할은 자연과학에 넘기고, 철학은 그런 자연과학적 탐구의 배후로 물러나 앉아야 한다고 천명했다. 이를 철학의 명예로운 은퇴라고 할 수 있을까? 겉보기에는 개별 과학의 이론적 가능성을 탐구하는 선험철학transzendental Philosophie이라는 영예로운 이름을 얻었지만, 달리 보면 이제까지 철학의 역할로 생각해왔던 세계에 대한 직접적 탐구는 더 이상 철학의 할 일이 아님을 자인하는 셈이었다. 그럼에도 19세기 초엽까지 그 문제는 수면 아래 가라앉아 있었다. 지식인 사이에서 칸트와 독일 관념론의 영향력이 여전히 남아 있었기 때문이었다.

19세기가 저물어갈 무렵이 되자, 철학의 위기는 마침내 수면 위로 떠올랐다. 대개의 위기가 그렇듯 철학의 정체성 위기도 다중적이고 복잡한 상황에 내몰려 있었다. 크게 보아 철학의 위기는 내적·외적으로 급변하는 상황에 대처하지 못했던 셈이다. 우선 급속하게 진행된 산업화와 자본주의로 인해 기존의 사회 질서가 빠르게 붕괴함으로써 사회적으로 일종의 가치 공백 상태가 빚어졌다. 새로운 사회 질서가 자리 잡기 위해서는 아직 시간이 더 필요했다. 산업화, 특히 과학 기술의 발전에 편승한 이러한 사회적 가치 공백 현상은 하이데거의 철학에 깊은 영향을 미친다. 다른 한편 순수하게 학문적 관점에서든, 철학적 탐구가 무엇을 목표로 하는지에 대해서든 일관되고 합의된 의견을 낼 수 없었다. 생철학, 해석학, 신칸트주의, 신토머스주의, 역사주의, 현상학 등에 이르기까지 아마도 철학사에서 같은 시대에 이렇게 많은 이름이 등장했던 시기도 없었다. 이처럼 다양한 입장이 등장했다는 사실이 환영할 만한 일인지는 모르겠지만, 확실히 세계에 대한 직접적 탐구를 포기한 대가이기는 했다. 진정한 철학적 탐구 대상이 무엇인지를 한마음으로 합의하지 못했다는 뜻이기 때문이다.

한때 하이데거는 자신의 책상 위에 가지런히 놓여 있던 책 한 권이 격정을 불러일으켰다고 고백한 적이 있다. 그 책은 그의 스승이기도 했던 후설의 《논리 연구Logische Untersuchungen》였다. 현상학적 운동의 가장 중요한 인물이었던 후설은 그 작품을 통해 하이데거를 비롯한 당대의 젊은 철학자에게 철학의 새로운 희망을 불어넣었다.《논리 연구》의 핵심 메시지는 이른바 심리학주의 비판이었다. 그것은 경험과학적 방식으로 인간의 마음과 정신을 탐구할 수 있다는 입장 일반을 공격하는 내용이기도 했다. 바꾸어 말하면, 철학의 새로운 가능성을 우회적으로 표현한 셈이다. 그리고 1911년에 마침내 "엄밀한 학문으로서의 철학"이라는 새로운 도전 과제를 발표하며, 그 방법으로 "현상학"이라는 이름을 사용한다.

신학에서 철학으로 전향한 뒤, 고대와 중세 철학에 정통했던 하이데거 역시 후설의 새로운 도전에 한껏 고무된다. 그러나 그가 생각한 철

독일 토트나우베르크에 있
는 하이데거 산막에서 본 풍
경. 그는 인적 드문 산기슭
에 산막을 짓고 그곳에서
《존재와 시간》을 썼다.

학의 새로움과 후설의 과제는 다소 차이가 있었다. 당시 후설이 학문이
론적 관점에서 철학의 혁신을 생각했다면 하이데거는 새로운 존재론이
야말로 새로운 철학이 착수해야 하는 작업이라고 생각했다. 그 결과가
1927년에 출간된 《존재와 시간Sein und Zeit》이었다. 하이데거는 이 작품
으로 일약 스타덤에 오른다. 일상적 언어에 대한 마법과도 같은 새로운
해석은 철학적 사유의 새로움을 보여주었을 뿐만 아니라 철학적 사유가
걸어가야 할 새로운 길을 예감하게 했기 때문이다. 물론 그 당시에 얼마
나 많은 사람이 하이데거의 사유 방식에 제대로 공감했는지는 미지수
다. 기존의 철학적 담론에 익숙했던 사람들에게 하이데거는 완전히 낯
설고 새로웠기 때문이다. 하지만 하이데거에 대한 열광은 역설적으로
당대의 지식인이 뭔가를 갈구하고 있었다는 것을 분명히 한다. 그것은
새로운 시작이었다.

하이데거는 철학이 처한 당시 상황을 존재 망각의 역사라는 말로 규정한다. 이는 전통 철학 전체에 대한 비판이기도 했다. 우리의 개념적 사고에 따르면 '존재'는 가장 보편적 개념이어서 그것을 규정하는 일조차 어렵다. 그런 의미에서 존재는 '존재자를 존재자이게 하는 것'이라는 아리스토텔레스의 설명은 오랜 세월 사람들을 지배해온 하나의 관념이었다. 하이데거는 바로 그런 방식의 이해, 즉 존재를 또 다른 존재자로 대체하는 방식의 관념이 문제라고 생각했다. 존재자를 존재자이게 하는 '것'이라고 말할 때, 바로 그 '것'은 또 다른 존재자를 가리키는 것처럼 들린다. 그러나 존재는 존재자가 아니다. 때문에 존재를 존재자처럼 묘사하는 것은 결코 존재를 제대로 알 수 있는 방법이 아니다. 물론 존재자가 아닌 존재를 개념적으로 포착하는 일은 쉬운 일이 아니다. 바로 그 때문에 오랜 세월 존재를 존재자처럼 생각해왔다. 그러면 존재는 알려질 수 없을까? 하이데거에 따르면 그렇지 않다. 무엇보다 존재를 이미 이해하고 있는 '자'가 있다. 바로 우리 자신이다. 존재는 개념적 파악의 대상이 아니라 이해의 대상이며, 인간은 이미 존재를 친숙하게 이해하는 존재자이고, 유일하게 존재에 관한 물음을 던질 수 있는 존재론적 존재자다.

존재를 문제시한다는 것은 결코 어려운 말이 아니다. 우리는 일상에서 겪는 무수한 경험 중에 무엇인가의 존재 의미를 묻는 일을 하곤 한다. 어떤 대상의 존재 의미로부터 나 자신의 존재 의미에 이르기까지 구체적인 상황 상황 아래서 우리는 존재 의미를 묻는다. 하이데거는 이것이 우리가 다른 존재자들과 다른 차이, 즉 존재론적 차이라고 규정한다. 존재 의미를 묻는다는 것은 우리가 이미 존재를 어느 정도 이해하고 있다는 뜻이다. 따라서 진정 존재를 탐구하는 존재론이 존재자를 탐구하는 것이 아니라 존재를 탐구하고자 한다면, 그 안개 같은 곳을 안내할 실마리로서 존재를 이미 이해하는 존재자, 바로 우리 자신을 탐구의 실마리로 삼아야 한다. 하이데거가 자신의 존재론을 '기초 존재론funamentale Ontologie'이라고 이름하고, 그 과제를 우선 인간 실존을 분석하는 일부터 시작한 것은 바로 그런 이유 때문이었다.

기초 존재론이라는 이름의 의미는 전통 존재론이 잘못된 출발점에 서 있었다는 반성이다. 그래서 하이데거는 전통 철학을 존재 망각의 역사로 규정지었다. 하이데거는 존재를 이미 이해하는 존재자의 성격을 '현존재Dasein'라는 말로 표현한다. 그리고 '실존Existenz'이라는 말로 그 존재자를 특징짓는다. 하이데거를 일약 새로운 철학의 기수로 평가받게 만들어준《존재와 시간》은 존재 물음에 대한 구조적 분석과 현존재, 혹은 인간 실존을 그의 존재론적 관점에서 분석하는 일로 시작한다. 존재에 대한 탐구를 '인간'에서 풀어간다는 생각은 완전히 새로운 발상이었다. 하이데거와 한나 아렌트의 위태로운 관계는 존재론의 이러한 새로운 시도가 꽃피기 시작할 때 형성되었다.

• 실존과 결단의 시간

하이데거와 아렌트가 처음 만났던 시절은 19세기 동안 지속되어온 낡은 질서와 새로운 질서가 충돌한 뒤에 남겨진 혼돈의 시기였다. 낡은 제국은 붕괴하고 국민 국가를 기반으로 하는 강력한 국가 사이의 치열한 경쟁을 자양분 삼아 새로운 제국주의가 등장했다. 마침내 사라예보에서 울린 한 발의 총성은 그동안 인류사에 유례를 찾아보기 어려운 거대한 전쟁의 방아쇠를 당겼다. 그 총성의 주인공은 낡은 제국의 황태자를 겨냥한 세르비아의 민족주의자였다. 민족주의는 프랑스 혁명 이래 등장한 새로운 가치였다. 낭만주의와 역사주의 그리고 사회 다원주의 등과 결합한 민족주의는 팽창 일변도의 경쟁에 뛰어든 신흥 국가들을 내부적으로 결속시키고, 자신의 세력을 확장해가는 동력을 제공해주었다.

1918년 미국의 참전과 함께 4년 동안의 긴 전쟁이 마침내 끝을 맺었을 때, 전쟁의 최대 피해자는 바로 독일이었다. 더욱이 독일은 패전의 책임을 거의 오롯이 혼자 감당해야 하는 처지에 몰렸다. 일부 영토를 잃었으며, 막대한 전쟁 배상금을 물어야만 했다. 경제는 피폐해졌고, 사람들은 패배감에 빠져 있었다. 게다가 자본주의의 발달과 새로운 기술, 새로운 산업의 발달과 더불어 시작된 삶의 방식의 변화는 사람들을 일종의 한계 상황으로 몰아갔다. 이러한 상황적 조건은 하이데거와 아렌트 모두에게 중요했다. 한 사람은 독일 민족주의자로서 또 한 사람은 영원한 이방인이었던 유대인으로서 각각은 당대의 시대적 환경에 어떻게든 대처해야만 했다. 두 사람의 사상을 가로지르는 인간 실존의 문제는 그래서 전혀 다른 문맥으로도 읽힐 수 있다. 하이데거가 표현한 대로 인간 실존의 존재론적 조건 중 하나가 세계-내-존재in-der-welt-sein(현존재)인 한, 그들이 처한 삶의 세계가 서로 달랐기 때문이다.

아렌트 사상의 출발점이기도 한 유대인과 전체주의의 문제는 아렌트 스스로가 《전체주의의 기원The Origins of Totalitarianism》에서 밝혔듯이 당대에 비로소 시작한 문제는 아니다. 유대인은 유럽의 개별 국가들이 민족주의를 통해 자신의 내적 결속력을 강화하려고 할 때도 여전히 탈국가적인, 그래서 어떤 의미에서는 낡은 봉건적 질서를 옹호하는 집단으로 비치고 있었다. 그것은 유대인 스스로가 민족적 정체성을 지키는 방법이 되었을지는 몰라도, 국가가 폭력의 주인으로 등장하는 시대 상황에서는 결코 현명한 정치적 선택은 아니었다. 오랜 시간 동안 유대인은 대부분 종교적인 이유에서 많은 유럽인에게 미움의 대상이자 사회적 희생양 노릇을 해왔다. 그들이 살아남는 방법은 그래서 실질적인 권력을 가진 사람들과 좋은 관계를 유지하는 것이었고, 그래서 뛰어난 재정 능력을 가진 일부 유대인은 유럽의 귀족과 우호적 관계를 맺어 그들의 권력 우산 아래서 유복한 생활을 누렸다. 경우에 따라서는 국가를 초월한 거래를 수행했기 때문에 그들의 정체성은 특정 국가에 매이지 않았다. 예를 들면 나라 간의 전쟁 중에 서로 적대적인 양쪽 진영 모두에 재정 지원을 한 경우도 많았다.

이러한 생존 방식은 오스트리아 합스부르크 왕가와 같은 제국의 시대에는 유효한 생존 전략이었을지는 몰라도 그 체제가 이미 낡은 질서가 되어버리자, 그리고 민족주의에 기반을 둔 국민 국가의 시절이 도래하자 일종의 정치적 도박이 되고 만다. 그 과정에서 당연히 힘없는 유대인이 정치적 희생양이 되곤 했다. 드레퓌스 사건 같은 경우가 바로 그 예다. 드레퓌스는 프랑스 장교였으나 적국이었던 독일에 정보를 팔아먹은 첩자로 간주되어 종신형을 선고받았다. 사실 그는 조작된 증거와 위증의 희생양이었지만 이미 대중에게 뿌리 깊게 확산된 반유대인 정서가 드레퓌스를 범인으로 몰았다. 결국 프랑스는 드레퓌스의 억울함을 이해하고 지지하는 양심적 세력과 그 반대 세력으로 완전히 양분되는 사태에 이르렀다. 19세기가 저물어가고 20세기가 시작할 무렵에 시작된 이 사건은 당시 유대인이 처한 정치적 상황을 단적으로 보여주었다. 있을 수 없는, 그러나 자행되고 만 인류의 끔찍한 폭력의 증거인 '홀로코스트'는 그렇게 서서히 자신을 드러낼 준비를 하고 있던 셈이다.

아렌트가 살았던 독일도 그런 반유대인 정서에서 자유롭지 않았기에 유대인은 언제나 이방인의 삶을 살아야만 했다. 아렌트 역시 예외는 아니었다. 물론 한 사람의 사상을 그의 출신 배경과 역사적 조건으로만 이해하려는 것은 분명 오류를 저지를 위험이 크다. 그럼에도 아렌트의 사상은 그런 배경을 이해하지 않고는 말하기 어렵다. 무엇보다 아렌트 스스로가 그런 시대의 질곡을 가로지르며, 국가가 자행한 거대 폭력을 직접 목도한 사람이기 때문이다. 아렌트는 전체주의적 폭력이 자행된 이유가 '정치'가 제 역할을 하지 못했기 때문이라고 진단한다. 이런 논의는 일부 유대인에게 아렌트를 비판할 거리를 제공한다. 아렌트는 그 끔찍했던 폭력의 희생양이 된 유대인 역시 오로지 희생양으로만 여겨질 수 없다고 말했기 때문이다. 그들이 정치를 외면한 결과가 말하자면 폭력의 빌미를 제공했다고 해석할 수 있기 때문이다. 이미 아리스토텔레스가 말했듯이 인간은 본성적으로 사회적 존재이자 정치적 동물이다. 문제는 근대 산업 사회가 경제적 원리, 특히 사적인 이해관계를 근간으로 하는 경제적 원리(때때로 이러한 원리는 신성시되기조차 했다)가 공적 영역인 정치를 무력화함으로써, 좀 더 정확히 말하자면 진정한 의미의 정치가 실종되면서 전체주의가 등장하게 되는 사태를 맞게 된 것이다.

아렌트가 '활동적 삶vita activa'을 '관조적 삶vita contemplativa'의 대안으로 제시한 것은 바로 이러한 맥락에서 보아야만 한다. 관조적 삶, 혹은 이론적 삶은 고대 그리스 철학 이후 행복한 삶, 혹은 고양된 삶의 조건이었다. 그것은 소크라테스가 이른바 '재판'이라는 우매한 대중의 정치적 희생양이 되는 현장을 목격했던 플라톤 이후 서양 주지주의의 도식이기도 했다. 이로 인해, 서구 지성사에서 아렌트가 중요하게 여기는 공론장에서 대화를 통해 서로를 이해하고 타협함으로써 '함께 살아가는 존재들'을 확인하는 진정한 의미의 '정치'는 뒤편으로 밀려나고 만다. 그 덕에 오직 모략과 술수가 난무하는 이름만 정치인 정치가 남게 된다. 활동적 삶은 그런 의미에서 서구 지성사에서 잊힌 인간의 실존적 본성을 부활시키는 선언이자, 아렌트가 지향하는 정치적 좌표이기도 하다.

1961년 나치의 전범이자 홀로코스트의 최종 집행자였던 아이히만Otto

Adolf Eichmann, 1906~1962은 오랜 은둔 생활에도 불구하고 집요한 추적자에 의해 마침내 예루살렘에서 재판을 받게 된다. 아렌트는 그 재판에서 아이히만의 평범한 모습에 경악한다. 있을 수 없는 폭력을 자행했던, 그래서 절대 악으로 간주되어야 할 사람이 괴물이 아니라 평범한 한 명의 인간이었다는 사실에 놀란 것이다. 아이히만은 자신이 그저 명령을 수행했을 뿐이라고 말한다. 그에게는 악을 식별하고 판단할 능력이 없었던 것이다.

그 문제는 단지 아이히만만의 문제는 아니었다. 아렌트가 '악의 평범성'을 말했을 때, 그것은 정치가 실종된 사회에서 사는 평범한 사람 모두에게 적용될 수 있는 것이다. 우리 스스로가 아무 생각 없이 하는 행동이 타인에게 상처와 아픔을 주는 일일 수 있기 때문이다. 아렌트는 이러한 현상을 '사유thinking의 부재'로 인한 결과로 규정한다. 그런 의미에서 아렌트가 사적 영역에 은둔해 있는 것이 아니라 공론장에 나와 정치적 삶을 영위하는 활동적 삶을 강조함으로써 관조적 삶의 무의미성을 이야기했다기보다는 그 두 삶의 상보적 관계를 강조했다고 보아야 한다. 말하자면 전통 지성사가 관조적 삶을 지나치게 강조한 것이 문제였으며, 진정한 의미의 인간 삶은 그 둘의 조화에서 가능하다고 본 것이다. 아렌트는 이를 위기에 처한 인류에게 인간성을 회복시키는, 그래서 '새로운 시작을 알리는 탄생'이라고 말하기도 한다. 그리고 바로 이것이 아렌트가 자신의 삶과 사상에서 지울 수 없는 영향력을 행사한 하이데거와의 교차점이기도 하다.

하이데거가 끊임없이 존재 의미를 사유하는 개인의 실존적 사유와 매 순간 자신의 삶에 충실한 결단과 행위를 강조했다면, 아렌트는 정치적 존재로서 인간의 행위와 그런 행위를 가능케 하는 사유를 강조한다. 그러나 하이데거에게 그런 실존적 사유와 행위 주체는 '개인'이지만, 아렌트에게 인간은 개인이 아니라 복수의 '인간들'이다. 아렌트 입장에서 하이데거는 그 자신이 인간 실존의 조건으로서 '함께하는 존재'임을 가르쳐주었음에도 불구하고 그 의미에는 관심을 두지 못했던 것이다. 역설적인 점은 하이데거가 정치에 무관심하지는 않았다는 점이다. 오히려 그는 당대의 정치 현실에 좌절한 나머지 나치에게서 모종의 희망과 기대를 걸었던 듯싶다. 이는 하이데거와 아렌트 사이의 관계를 역사적 현실의 시선에서 보게 만드는 이유이기도 하다.

하이데거는 프라이부르크 대학교 총장에 부임하면서 나치 활동에 협력한다. 유대인이었던 아렌트가 보기에 하이데거의 행위는 믿을 수 없었다. 비록 그의 아내 엘프리데가 나치의 열혈 당원이었다 해도 이해할 수도, 용납할 수도 없는 일이었다. 하이데거는 자신의 스승이었던 후설에게 그가 유대인이라는 이유로, 또 자신의 훌륭한 동료였던 사람들에게 그들이 유대인이라는 이유로 자행된 나치의 압력과 폭력을 묵인했다. 그럼에도 아렌트는 전후에 하이데거의 나치 활동 전력이 세간의 관심사가 되었을 때 그를 변호한다. 그것이 옛 연인에 대한 연민 때문이었는지, 20세기를 규정할 수 있는 한 명의 위대한 사상가를 방치할 수는 없다고 생각한 때문이었는지는 정확히 알 수 없다. 그러나 전후에 발표한 한 글에서 아렌트는 하이데거와 플라톤이 세속 정치에 얼마나 순진했는가를 말한다. 플라톤이 관조와 이론의 영역을 떠나 시라쿠사^{Siracusa}에서 자신의 철인 정치 이념을 구현하기 위한 외도에서 실패했듯이, 하이데거 역시 히틀러가 이끄는 나치에게서 유럽 정신문명의 위기를 구원할 독일 민족의 희망을 보았다는, 아니 보았다고 착각했다는 것이다. 이두 위대한 철학자의 소박한 정치적 실험은 말 그대로 실패했다. 그러나다른 한편으로 그것은 한 시대를 살아가는 지성인의 선택, 어쩌면 하이데거가 말하는 실존적 결단의 양상이었는지도 모른다. 하이데거를 플라톤에 비교하는 일은 하이데거에 대한 아렌트 스스로가 발행한 면죄부였는지도 모른다.

▪실존의 조건과 새로운 선택

자신의 존재 의미를 묻게 되는 경험은 그저 일상에 파묻혀 사는 사람들에게도 결코 낯선 물음은 아니다. 단 한 번도 그런 물음에 제대로 대면하지 않을지언정 우리는 끊임없이 자신과 주변 존재자들의 존재 의미를 묻곤 한다. 언제든 손만 뻗으면 닿을 듯 있던 친숙한 것들이 사라졌을때, 우리는 그 존재자의 의미를 묻는다. 부재는 존재의 의미가 드러나는 순간이기도 하다. 친숙한 환경에서 벗어나 낯선 환경에 처했음을 깨달았을 때, 수많은 사람 사이에 있지만 아무도 내게 말을 걸어주지 않을때, 우리는 우리 자신의 존재 의미를 묻는다. 하이데거는 이렇게 존재

의미를 묻는 경험을 '존재론적'이라고 말한다. 인간 실존은 그런 의미에서 그 어떤 존재자와도 다른 존재론적 존재자다.

이 존재론적 존재자, 하이데거의 표현을 빌자면 현존재는 자신만의 세계 공간을 갖고 있다. 그것은 그 자신을 둘러싼 의미의 공간이기도 하다. 그런 의미에서는 현존재는 '세계-내-존재'다. 아주 일반적으로 말하면 그는 자신을 둘러싼 삶의 의미 연관성 속에서 세계를 바라보고 경험한다. 이전 철학자들이 말하듯 그런 삶의 의미 연관성을 빗어나는 초월적인 존재로서 인간을 설명하는 일은 적어도 하이데거에게는 무의미한 일이다. 그것은 현존재, 혹은 인간 실존의 존재 방식이 아니다. 하이데거에게 영감을 받았던 사르트르가 "실존은 본질에 앞선다"라고 선언했던 것도 같은 맥락이다. 인간은 어떤 존재라고 규정하기 전에 이미 어느 상황 속에 내던져져 있다. 그것은 피할 수 없는 숙명이다. 그렇게 이 세계 속에 내던져진 존재이지만, 그렇다고 현존재가 오롯이 수동적이고 어쩔 수 없는 존재이기만 한 것은 아니다. 오히려 본래적인 실존은 자신의 삶을 스스로 만들어갈 수 있는 존재다. 내던져진 존재지만 자신을 미래를 향해 던질 줄도 아는 존재이기 때문이다. 이렇게 하이데거는 기초 존재론의 주인공, 탐구의 주체이자 동시에 객체인 인간 실존의 존재 방식을 하나씩 해명해간다.

삶을 스스로 만들어간다는 뜻은 말은 쉽지만 그리 쉬운 일이 아니다. 무엇인가를 결정하고 책임지는 일은 언제나 무거운 짐이기 때문이다. 현존재가 혹은 인간 실존이 내던져져 있다는 부정적 사실은 단지 아무

것도 미리 규정되어 있지 않다는, 다시 말해 가능성의 세계에 처해 있다는 사실을 보여주는 것뿐이다. 그 가능성의 세계에서 자신의 삶을 만들어가는 것은 매 순간 결단을 필요로 한다. 결단은, 일상에 파묻혀 주변 사람들의 요구에 순응하며 그들이 만들어놓은 삶의 틀에 순응하며 사는 삶에 비하면 거칠고 힘든 삶의 여정이다. 이미 만들어진, 그것도 다른 사람들이 만들어놓은 경로에 순응해가며 사는 삶, 하이데거는 그런 삶의 주체를 가리켜 비본래적 실존이라고 부른다. 익숙하고 친숙한 삶은 우리에게 위안을 준다. 그 안락함은 때때로 유혹적이기까지 하다. 그래서 많은 사람이 그런 삶으로 도피하곤 한다. 그러나 그런 사람이 자신의 삶과 자기 자신의 존재 의미를 진지하게 묻게 되는 순간이 있다. 그중 가장 드라마틱하고 분명한 순간은 죽음을 맞이했을 때다. 죽음에 대한 생각은 자신의 존재 의미를 묻게 한다.

영화나 소설에서만 그런 것도 아니다. 현실에서도 죽음은 우리 자신에게 삶의 의미를 묻게 한다. 가까운 이의 죽음만이 아니라 낯선 자의 죽음 앞에서도 마찬가지다. 하물며 자신의 죽음에 직면할 때는 더 말할 것도 없다. 죽음은 인간이 시간을 살아가는 존재라는 사실을, 그 덕에 존재 의미를 묻는 존재자라는 현실을 일깨워준다. 죽음은 언제나 미래 사건이다. 때문에 가능성의 영역에서 일어나는 사건이다. 현존재는 이런 가능성의 영역에 있는 미래의 사건을 미리 자신의 삶 안으로 당겨서 그 의미를 물을 수 있는 존재다. 그 순간 그는 자신의 삶에서 가장 솔직해지며 세간에서 자신을 향해 던지는 이야기와 달리 내면에서 들려오는 소리를 듣게 된다. 하이데거의 표현을 빌리면 가장 본래적 자신의 삶을 찾게 되는 것이다. 실존적 결단을 통해 자신의 삶을 만들어가는 존재자는 결국 미래라는 시간을 현재로 끌어들여 살아간다.

이렇게 하이데거는 인간 실존이 자신의 본래성을 회복하는 순간을 포착해낸다. 물론 죽음에 대한 생각은 아주 특별한 경우다. 이런 극단적 분위기는 오히려 아주 낯설다. 하지만 죽음이 갖고 있는 실존적 의미를 가장 잘 보여주는 일상의 순간도 있다. 바로 불안이다. 이유나 원인, 또는 어떤 특정 대상을 지목할 수 없이 그저 어느 순간에 느껴지는 불안감, 그것은 땅에 붙박고 있는 우리의 존재를 들뜨게 함으로써 존재의 견고한 발밑을 끝없는 심연으로 바꾸어버린다. 그래서 불안은 현존재가 자신의 존재를, 인간 실존이 자신의 삶의 의미를 물을 수 있도록 준비하는 분위기다. 현존재의 존재 방식이 자신의 주변 타인들과 '더불어 사는' 것이기는 하지만, 그래서 끊임없이 '그들'의 수다와도 같은 지껄임에 영향받고 의지하여 살아가기는 하지만, 그들이 그저 '그들'로 남아 있을 때는 내 존재의 무게를 함께 감당해주지는 못한다. 불안은 현존재 스스로가 오롯이 감당해야 할 존재의 무게를 예비하는 순간이기도 하다. 삶의 무게는 결코 가볍지 않다. 그래서 오히려 많은 사람이, 혹은 비본래적 실존들이 자신의 일상에 묻혀 '그들' 속의 일원이 되고자 한다. 하이데거가 당대의 시대적 상황에 내몰려 방황하던 젊은이에게 말하고 싶었던 것은, 이렇게 삶을 스스로 만들어나가라는 요청이었을 터다. 새로운 시작을 원했을 것이다.

나치에 협력했다는 증거로 거론되고는 하는 프라이부르크 대학교의 총장 취임 연설에서 하이데거가 독일 청년들에게 변화를 촉구하고 새로운 시작을 요구했을 때, 어쩌면 그것은 자신의 철학적 입장을 정치적이고 수사적으로 바꾸어 말한 것인지도 모른다. 하이데거는 제1차 세계대전 패전국의 사람으로 살아야 했던 독일의 젊은이에게 실존적 결단을 요구했다. 한 명의 민족주의자로서, 그리고 기술 문명이 지배하는 산업 사회가 소거해버린 사색적 삶에 대한 향수를 가진 철학자로서 자신이 할 수 있는, 혹은 하고 싶은 이야기를 했는지도 모른다. 그래서 더더욱 독일 민족의 자긍심에 호소했던 나치의 실득에 마음이 움직인, 정치적으로 순진하기 짝이 없는 사상가였는지도 모른다. 그래서 어떤 사람들은 하이데거가 나치에 동조한 행위는 한편으로는 보수적이고 민족주의적이었던 그가 자신의 사상을 전개해나가면서 마주칠 수 있는 당연한 귀결로 보기까지 한다.

프라이부르크 근처에 있는 조그만 시골 마을인 토트나우베르크의 산막에서 자신의 사상을 꽃피운 하이데거는 독일의 자연 풍경과 더불어 사색에 빠져 있기를 좋아하는 사람이었다. 낡은 시대의 가치가 붕괴하고, 기술 문명의 위력 앞에서 무기력해진 채 삶의 방향성을 잃은 젊은 세대에게 그가 하고 싶었던 이야기는, 삶을 두려워하지 말고 그래서 회피하지 말고 정정당당하게 맞부딪치며 살라는 것, 삶의 의미를 스스로 만들어가라는 요청이었다. 하이데거의 정치적 행적을 도외시한다면, 그의 이러한 외침은 오늘날에도 여전히 우리의 마음에 커다란 울림을 준다. 삶에 대한 진지한 성찰을 잃어버리고, 쉴 새 없이 몰아치는 기술 문명에 닦달당하고 사는, 주인 아닌 삶이 많기 때문이다. 하이데거에게 철학은 단순한 이론이 아니다. 그런 이론으로서의 철학은 소명을 다했다. 오히려 철학은 끝없이 계속되는 물음을 통해서 그 의미를 찾을 수 있을 뿐이다. '물음'을 던지는 일이 방향을 잡을 수 있게 해주기 때문이다. 물음에 대한 답이 아니라, '물음을 던질 수 있는 태도'가 방향을 잡을 수 있게 해준다. 그런 철학적 자세를 요구했던 그가, 오직 명령에 복종할 뿐 다른 생각은 불필요하게 만든 나치에 협조했던 것은, 따라서 전혀 이해할 수도 이해받기도 어려운 일이 되어버렸다.

하이데거를 우호적으로 이해하려는 사람들은 민족주의자이자 공산주의를 거부했던 하이데거가 초기 나치 운동에서 독일 민족의 희망을 보았지만, 이내 그들의 실체를 알게 되자 나치와 결별했다고 본다. 나치는 사람들의 이성을, 그래서 하이데거가 그토록 요구했던 사유의 힘을 마비시킨 정치 집단이었기 때문이다. 아렌트가 경악했듯이, 아우슈비츠의 폭력을 용인했던 사람들, 혹은 그런 폭력에 협력했던 사람들은 사악한 악마의 현신이 아니라 평범한 사람들이었다. 그들은 자신들이 저지르는 행동이 무엇인지 성찰하지 않았다. 사유의 힘을 잃어버린 사람들이었기 때문이다. 나치라는 전체주의 집단이 그토록 거대한 악을 실행할 수 있었던 이유는 사유의 힘이 사라진, 그래서 정치적으로 무기력해진 대중을 동원했기 때문이다. 아렌트가 공산주의, 특히 스탈린의 무자비한 폭력적 전체주의를 비판한 것도 마찬가지다. 아마도 그런 점에서 아렌트는 하이데거의 정치적 순진함을 보았는지도 모른다. 아렌트에게 하이데거는 사유의 힘을 그토록 소중하게 여긴 스승이 아니었던가. 그런 그가 사람들에게 사유의 힘을 빼앗아버리는 전체주의에 동조했다는 사실은 도저히 이해할 수 없는 일이었을 터다.

비록 하이데거는 자신을 실존주의자라고 지칭하기를 거부했지만, 아렌트는 하이데거의 사상에서 읽을 수 있는 실존주의적 태도가 우려스러웠을 수도 있다. 개개인의 실존적 결단을 요구하는 것은 자칫 고립된 개인을 양산함으로써 정치적으로는 무관심하고, 그래서 무기력한 존재로 전락시킬 수도 있기 때문이다. 그리고 그 무관심과 무기력이 말하자면 거대한 악이 싹을 틔우고 성장하도록 방치한 것이기 때문이다. 아렌트 역시 하이데거와 마찬가지로 인간 실존의 존재 방식을 구명한다. 그러나 아렌트의 이론이 겨냥하는 지점은 하이데거와 다르다. 개인의 삶이 아니라 공동의 삶이기 때문이다.

인간은 생존을 위해 노동하는 존재다. 그러나 이 점에서는 다른 동물과 차이가 없다. 반면 노동labor과 유사하지만 생존이 아닌 다른 어떤 결과물을 만들어내는 일을 아렌트는 작업work이라고 부른다. 예술 활동이나 물건을 제작하는 다양한 활동이 작업에 속한다. 단순한 생존 이상의 활동으로서의 작업은 그 주체에게 고유한 세계를 만들어줄 수 있다. 아렌트가 마르크스를 비판했던 까닭도 마르크스가 노동이나 작업을 모두 생산 활동과 생산물 사이의 관계로 환원함으로써 인간의 조건을 획일화

했다는 점에 있다. 물론 근대 자본주의의 기술 문명은 그런 사정을 더욱 악화시켰다. 노동과 작업이 구분되지 않는 오늘날은 그래서 더 열악한 사정인지도 모른다. 모든 것이 거래되고, 그것을 통해 생존을 영위하게 됨으로써 인간의 조건으로서의 작업이 아니라 생존의 조건으로서의 노동이 되고 있기 때문이다. 첨단 기술 문명은 그런 현상을 점점 더 가속화하고 있다. 자유로운 창의적 활동이 돈이 될 수 있다는 믿음은 인간의 모든 자유로운 활동을 그저 생존을 위한 수단으로 전락시킬 위험을 내포한다. 인간의 고유함은 그 이상이다.

비록 작업이 단순한 생존을 위한 노동과 구별되기는 하지만 그렇다고 작업이 인간 실존의 본래적 조건을 온전히 드러내는 것은 아니다. 작업은 기본적으로 자연물을 대상으로 하며 대부분 개인적 행위이기 때문이다. 그에 반해 행위action는 좀 더 자유로운 인간 실존의 조건이다. 인간은 자유로운 행위를 통해 생존 이상의 좀 더 의미 있는 것을 추구할 수 있다. 아렌트가 고대 그리스 폴리스의 구성원이었던 시민의 삶에서 발견한 이 '행위' 개념은 다름 아니라 공동의 삶을 영위하는 정치적 행위였다. 이는 자신과는 다른 타인의 존재를 전제로 하며, 서로 다른 다수의 사람이 만나는 공적 공간을 요구한다. 여기서 인간 실존은 유적類的 단일성이 아니라 다원적이며 복수의 존재로 만나게 된다.

전체주의는 정치의 부재를 낳음으로써, 다시 말해 각자의 고유성을 가진 다수의 사람이 함께 삶을 영위해가는 행위를 부정함으로써 인간을 비인격적 존재로 전락시키고 만다. 정치의 부재가 곧 인간성의 상실을 가져온 것이다. 물론 다시 한 번 강조해야 하는 것은 이때의 정치는 권모와 술수가 넘치는 세속적인 정치가 아니라 인간 실존의 조건으로서 공동의 삶을 영위해가는 고유한 개인들의 만남을 뜻한다. 전체주의의 가공할 폭력이 자행된 것은 정치의 부재가 빚어낸 참혹한 결과였다. 아이히만의 재판을 통해서 드러났듯이 아렌트는 사람들이 악에 저항하지 못하는 이유가 그들이 사유함을 잃었기 때문이라고 보았다. 아렌트가 비록 하이데거의 사상에서 공동의 삶과 정치의 문제를 제대로 다루어내지 못한다는 점을 비판하기는 했지만 사유의 문제에서만큼은 두 사람이 같은 지점을 바라보았던 셈이다.

말년에 아렌트가, 비록 완성하지는 못했지만, 칸트의 구도처럼 사유와 의지 그리고 판단으로 이루어진 《정신의 삶》을 기획하고 집필했던 이유는 그 세 가지가 올바른 행위의 필요조건이라고 여겼기 때문이다. 사유하지 않음이 지닌 위험성을 직시했다는 점에서 아렌트는 여전히 하이데거의 그늘 아래에 있었는지도 모른다. 비록 두 사람의 정치적 행보는 완전히 정반대를 향하고 있었지만, 근대 기술 문명이 자아낼 위험을 자신의 위치에서 냉정하게 바라보고 있었던 점은 분명하다. 그리고 그 위험을 자각한 지점에서 두 사람은 모두 새로운 시작을 위한 '탄생'에 고무되었다. 아렌트는 상실된 인간성을 회복하기 위한 조건으로 정치적 삶을, 하이데거는 인간 실존이 자신의 본래성을 회복하는 조건으로 존재 사유를 지목하며 우리 모두에게 실존적 결단을 촉구한다.

독일의 작은 마을 메스키르히에 있는 하이데거의 묘.

엄연히 존재하는 시대적 간극과 상황적 조건의 차이에도 불구하고 하이데거와 아렌트가 남겨놓은 명령과도 같은 요구는 분별없이 휘몰아쳐 가는 오늘날의 기술 문명 사회에서도 여전히 그 힘을 발휘하고 있다. 이러한 이유 때문에 두 사람 사이의 은밀한 관계를 구실 삼아 그들의 사상을 폄훼할 수는 없다. 그것은 그들이 남긴 소중한 지적 자산을 방기하는 일이 될 수 있기 때문이다. 제2차 세계대전이 끝난 후 하이데거는 한때 보여주었던 자신의 정치적 행보로 많은 것을 잃어야 했다. 그의 명성과 더불어 그가 보여준 새로운 사유의 진정성도 의심받았다. 그것이 아렌트가 판단했듯이 한때의 신중하지 못한 처사였는지, 아니면 하이데거라는 인물의 본래 성향에서 빚어진 결과였는지는 여전히 불확실하다. 사실 하이데거와 아렌트 사이의 관계 자체도 그것이 도대체 무엇이었는지, 젊은 혈기가 넘치는 두 사람의 은밀한 연인 관계였는지, 아니면 서로가 서로에게 감정을 숨기고 자신의 감정마저도 착각한 관계였는지조차 불확실하다. 다만 분명한 것은 범상치 않은 시대를 살아내야 했던 두 사람의 삶이 엮어낸 삶의 궤적이다. 그 궤적을 엮어내고 의미를 부여하는 것은 그들의 삶을 관찰한 사람들의 몫일지는 몰라도 그들 스스로가 부여한 의미는 아닐 수 있다. 어쩌면 그들은 그저 각자 자신의 위치에서 치열하게 부딪치며 살아낸 것뿐인지도 모른다. 의심의 여지 없이 잘못된 선택도 있었고, 그로 인해 비난받아야 할 몫이 있다면 비난받아 마땅하다. 하지만 그들의 사상은, 그리고 그들의 관계가 진정성이 있었다면 그런 비난에도 불구하고 마땅히 존중받아야 할 삶이었다는 것도 분명하다. 지나친 열정은 때때로 우리의 냉정한 판단을 흐리게 한다. 그러나 그 열정은 또한 우리가 살아 있는 존재라는 사실을 확인시켜주기도 한다. 우리는 늘 그 사이에서 불안하게 오가지만, 바로 그 사실이 우리가 사유할 수 있는 존재임을 증명해주는 것인지도 모른다.

함께 읽으면 좋은 책

마르틴 하이데거의 책은 여러 권이 번역되어 있으며, 하이데거의 사상을 이해하기 위한 안내서도 많다. 《존재와 시간》, 《숲길》, 《동일성과 차이》, 《사유란 무엇인가》, 《횔덜린 시의 해명》, 《시간 개념》, 《근본 개념들》 등은 현재 번역되어 있는 하이데거의 저서다. 한나 아렌트의 작품 역시 《전체주의의 기원》, 《인간의 조건》, 《정신의 삶》, 《혁명론》, 《공화국의 위기》, 《예루살렘의 아이히만》 등이 국내에 소개되어 있다.

아 벨 라 르 & 엘 로 이 즈

"
연인으로서 우리가 나누었던 즐거움이 제게는
너무도 달콤했습니다. 그것이 저를 불쾌하게 만
드는 일은 결코 없을 것이며, 또한 제 마음에서
사라지는 일도 없을 것입니다. 그것은 돌아볼
때마다 항상 제 눈앞에 있을 뿐만 아니라 제게
갈망과 공상을 일깨워 저를 잠들지 못하게 만들
었습니다. 심지어 우리의 기도가 더욱 순수해야
할 미사 시간에도 즐거움을 줬던 그 음란한 장
면들이 제 불쌍한 영혼을 사로잡았고, 제 생각
들은 기도가 아니라 쾌락의 방종함에 빠져 있었
습니다.
"

chapter 04

Abélard & Héloïse

총체적으로
그녀의 것인
그에게
/유원기

아벨라르와 엘로이즈의 편지글은 대부분 필자가 번역했던
제임스 버지(2006)의 책에 인용되었던 글을 수정하여 재인
용했으며, 일부 내용은 이 글에서 처음으로 번역·인용했다.

글쓴이 **유원기**

—

충청남도 천안 출생. 서강대학교 철학과를 졸업하고,
영국의 글래스고 대학교와 브리스톨 대학교에서 서
양고대철학을 전공하여 각각 석사학위와 박사학위
를 받았으며, 성균관대학교에서 한국철학(조선성리
학)을 전공하여 두 번째 박사학위를 받았다. 저서로
는 《자연은 헛된 일을 하지 않는다: 아리스토텔레스
의 자연철학》《아리스토텔레스의 정치학, 행복의 조
건을 묻다》 등이 있으며, 《영혼에 관하여》《필레보스》
《목적론》《아리스토텔레스의 아이들》을 비롯한 10여
권의 번역서가 있으며, 〈아리스토텔레스의 심신이론
과 현대심리철학〉〈아리스토텔레스에게 있어서 행복
의 조건〉〈율곡의 심성론에 대한 새로운 분석〉을 비롯
한 40여 편의 논문이 있다. 현재 계명대학교 철학윤
리학과 교수로 있다.

—

·페르 라셰즈의 신부와 수녀

프랑스 파리 외곽에 위치한 페르 라셰즈 지하철역이나 필립 오거스트 지하철역에서 내려 잠깐 걸어가면 낡은 아파트와 상점들 주변으로 대규모의 공동묘지가 있다. 이곳은 이브 몽탕이나 짐 모리슨과 같은 가수, 쇼팽이나 롯시니와 같은 작곡가, 메를로퐁티나 콩트 같은 철학자를 비롯한 저명한 학자, 연예인 등의 유해가 묻혀 있어 많은 여행자와 참배객이 찾는 '페르 라셰즈Père-Lachaise'라는 이름의 공동묘지다. 이 공동묘지는 96개의 묘역으로 구분되어 있는데, 각자 나름대로의 특색을 지닌 크고 작은 무덤을 지나 7묘역 27번 무덤에 도달하면 작은 정자처럼 생긴 고딕 양식의 건조물 하나를 발견하게 된다. 땅 밑에 관을 묻고 위에 비석을 세우는 일반적인 형식과는 달리, 정자 같은 건조물 내부에 있는 이 무덤은 지면 위에 석관이 놓인 형태다. 석관 둘레는 가톨릭 성인들의 모습이 축소판으로 조각되어 있고, 그 석관 위쪽에는 두 손을 모아 무언가

페르 라셰즈 공동
묘지에 있는 엘로
이즈와 아벨라르
합장 무덤.

를 간절히 기도하는 남녀의 부조상이 실물 크기로 조각되어 있다. 남자
는 중세의 가톨릭 신부나 수도사처럼 머리를 깎았고 여자는 수녀복 차
림을 하고 있다.

그 석관에는 바로 12세기 서양 중세의 연인으로 잘 알려진 아벨라르
Pierre Abélard, 1079~1142와 엘로이즈Héoïse d'Argenteuil, 1100?~1163의 유해가 합장되
어 있다고 말해진다(그 석관 안에 실제로 그들의 유해가 안장되어 있는지 또
는 석관만 있는지는 논란이 있다). 아벨라르는 신부였고, 엘로이즈는 수녀
였다. 그리고 그들은 연인이자 부부였으며, 또한 그들 사이에는 아스트
랄라베Astralabe라고 불리는 아들이 있었다. 처음에는 가톨릭 신부와 수
녀라는 신분이 많은 호기심을 유발하지만, 그들은 종교에 귀의하기 전
에 결혼했기 때문에 신분 자체가 곧 종교적 부도덕성을 함축하지는 않
는다. 남녀가 사랑에 빠진다는 것이 드문 일도 아니며, 어렵지도 않은

일임에도 불구하고(제임스 버지, 2006, 447~448쪽), 900여 년의 세월 동안 그들을 소재로 한 수없이 많은 예술 작품과 문학 작품이 산출되었을 뿐만 아니라 오늘날까지도 많은 사람이 그들의 묘를 방문하고 추모하는 이유는 무엇일까?

아벨라르가 당시의 많은 사람이 인정하는 중세의 가장 탁월한 논리학자였거나 또는 소수의 탁월한 논리학자 가운데 한 사람이었고, 또한 엘로이즈가 중세의 유일한 여성 철학자였거나 또는 소수의 탁월한 여성 철학자 가운데 한 사람이었다는 사실만으로도 그들의 연애는 관심거리가 된다. 그 밖에도 그들이 아직도 기억되는 많은 이유 중 한 가지는 그들의 삶은 물론이고 그들과 관련된 많은 것이 모두 '극적^{dramatic}'이라는 한 단어로 축약될 수 있다는 것이다. 아벨라르와 엘로이즈의 삶은, 스승과의 불화를 초래했던 아벨라르의 지적 탁월성, 그들의 만남과 헤어짐의 과정 중에 발생한 다양한 사건, 15년의 결별 후에 엘로이즈가 아벨라르의 소식을 다시 접하게 된 사건, 그들이 규정하는 서로 다른 의미의 사랑, 종교에 대한 그들의 태도, 그들의 설득력 있는 철학적 견해 등을 비롯해 실로 수없이 많은 비범한 요소와 극적 사건으로 이루어져 있다. 심지어 후대에 그들의 연애편지가 발견되었던 과정조차 극적이었다. 아벨라르는 후대에 "내 불행의 역사"라고 불리는 자서전적 편지에서 자신의 삶과 엘로이즈에 대한 이야기를 자세하게 전한다. 아래에서 우리는 그 자서전적 편지를 중심으로 하고, 그들이 주고받은 다른 편지들을 참고해 그들이 살았던 삶의 여정을 추적해본다.

아벨라르와 엘로이즈의 삶에 대한 자료는 대체로 두 종류로 구분된
다. 첫 번째 자료는 1471년에 요하네스 드 베프리아Johannes de Vepria,
1445~1518?가 발견한 일련의 편지 묶음이다. 편지 쓰기에 필요한 모범적인
문체의 사례집을 만들기 위해 수도원의 자료를 검토하던 드 베프리아는
한 묶음의 편지들을 발견했다. 그는 한 쌍의 남녀가 주고받은 것으로 보
이는 그 편지들이 수도원에 보관할 만한 종류가 아니라고 느끼는 한편,
그 편지들에 사용된 수려하고도 열정적인 문체와 형식과 내용에 호감을
느꼈던 것으로 보인다(제임스 버지, 2006, 18~19쪽). 그는 그 가운데서 시
와 장단문을 포함한 113개의 글을 선별하여 《두 연인의 편지로부터》라
는 제목으로 사례집을 만들었다. 단문은 한 문장에 불과한 경우도 있고,
장문은 한두 쪽이 넘기도 했다. 드 베프리아는 아마도 그 편지들을 주고
받은 사람들이 누구인지 몰랐거나 최소한 밝히고 싶어 하지 않았던 듯
하다. 어쨌든 그는 이름 대신에 남자를 의미하는 '물리에르mullier'와 여
자를 의미하는 '비르vir'의 첫 글자를 사용하여 각각 '남자m'의 글과 '여
자v'의 글로 표시하면서 인용문을 열거했다.

　　드 베프리아의 사례집은 독일의 문헌학자 에발트 쾬스겐Ewald Könsgen
이 그 편지들을 자신의 박사학위 논문을 위해 연구하기 전까지는 별다
른 학문적 관심을 끌지 못했다(Mews, 1999, 5쪽). 그는 1974년에 라틴어
로 된 그 편지들을 다시 편집해 출간하면서 〈아벨라르와 엘로이즈의 편
지들?〉이라는 부제에 물음표를 덧붙임으로써 그 편지들이 아벨라르와

엘로이즈가 주고받았던 것일 수 있다는 가능성을 제기했지만 그 물음표를 떼어내기 위한 별다른 노력은 기울이지 않았다. 그는 그 편지들이 누구의 것인가를 밝히는 문제에 큰 관심이 없었기 때문이다. 그 물음표를 떼어내는 과제는 뉴질랜드의 역사학자 콘스탄트 뮤즈Constant J. Mews에게 넘어갔다.

뮤즈는 1976년에 한 대학 도서관에서 퀸스겐의 책을 발견하면서 그 문제에 관심을 기울이게 되었다(Mews, 1999, 5쪽). 〈아벨라르와 엘로이즈의 편지들?〉이라는 그 책의 부제에 호기심을 느낀 그는, 그 편지들과 아벨라르와 엘로이즈의 연관성을 연구하기 시작했다. 만약 그것이 실제로 둘의 편지라면, 역사 연구에 새로운 획을 긋는 중대한 발견물이 될 터였다. 그것들은 아벨라르와 엘로이즈의 관계를 밝히는 중요한 사적 자료일 뿐만 아니라 12세기의 문학적 분위기나 글쓰기 형식 등도 알 수 있는 자료이며, 12세기 프랑스의 일반적인 남녀 관계나 여성의 교육 문제 등을 비롯한 다양한 상황을 파악할 수 있는 자료이기 때문이다.

뮤즈는, 드 베프리아가 발견하고 퀸스겐이 가능성을 제기했던 문제에 최종 답변을 제시했다. 그는 그 편지들의 어휘와 형식을 아벨라르와 엘로이즈가 썼다고 알려진 글의 어휘나 형식과 비교함으로써, 둘이 아닌 다른 사람이 그것들을 썼다고 보기는 어렵다는 결론에 도달했다(Mews, 1999, xi). 그것들이 아벨라르와 엘로이즈가 주고받은 편지임에 틀림없다는 것이다. 제임스 버지James Burge는 드 베프리아가 발견한 편지들이 아벨라르와 엘로이즈가 처음 만났던 1115년부터 1116년까지 2년간 주고받은 것이라고 생각하는데(제임스 버지, 2006, 10쪽), 이 견해는 설득력이 있다. 아벨라르와 엘로이즈는 그 후 15년간 서로 어떤 형태의 교류도하지 않았다고 알려져 있기 때문이다.

한편, 아벨라르와 엘로이즈의 삶에 대한 두 번째 자료는 대략 1132년에서 1136년 사이에 그들이 썼던 여덟 통의 편지다. 이 편지는 드 베프리아가 발견했던 것보다 시기적으로 늦게 쓰였지만, 드 베프리아의 편지들보다 200년 정도 먼저 대중에게 알려져 있었다. 1270년(또는 1275년)에 장 드 묑Jean de Meung, 1240?~1305?이라는 시인이 〈장미 이야기〉라는 서사시에서 아벨라르와 엘로이즈의 사랑 이야기를 언급했으며, 1285년(또는 1290년)에는 라틴어로 쓰인 그들의 편지를 프랑스어로 번역 출간함으로써 비로소 둘의 이야기가 세상에 널리 알려졌다.

여덟 통의 편지 가운데 한 통은 아벨라르가 이름 모를 수도사에게 보낸 편지이고, 네 통은 아벨라르가 엘로이즈에게, 세 통은 엘로이즈가 아벨라르에게 보낸 편지다. 그 편지 가운데 가장 먼저 쓰인 편지가 바로 아벨라르의 자서전적 편지다. 14세기부터 그 편지에는 "내 불행의 역사" 또는 "내 불행에 대한 이야기"라는 제목이 붙여졌는데, 그 제목은 편지의 후반부에 나타나는 아벨라르 자신의 표현에서 비롯된다(Levitan, 2007, xii). 이 편지는 2만 단어의 비교적 길게 쓰인 글로서, 그것을 A4용지로 계산해보면 대략 50매(타임스뉴로먼Times New Roman 글씨체, 크기 12기준) 정도에 달한다. 이 편지에서 그는 자신의 삶과 관련된 많은 이야기를 시간 흐름에 따라 상세하고도 진술하게 기술한다. 나머지 일곱 통의 편지는 "내 불행의 역사" 이후에 아벨라르와 엘로이즈가 주고받은 것들로서, 그 편지들 속에서도 그들은 자신들이 느끼고 생각하는 내용을 조금도 숨김없이 있는 그대로 표현한다(아래에서 "내 불행의 역사"는 〈자서전〉이라 표기하고, 나머지 일곱 통의 편지는 발신인과 주고받은 순서에 따라 〈엘로이즈, 첫 번째 편지〉, 아벨라르가 엘로이즈에게 보낸 첫 번째 편지는 〈아벨라르, 첫 번째 편지〉 등으로 표기한다).

이미 언급했듯이, 〈자서전〉은 아벨라르가 이름 모를 어떤 동료 수도사에게 보낸 편지였다. 그는 그 수도사를 "그리스도 안에서 아주 소중한 형제이자, 친한 친구이자, 오랜 동료여!"라고 부르지만 그가 정확히 누구인지는 알 수 없다. 중세에는 이 편지를 "위안의 편지"라고 부르기도 했는데, 이 편지에서 아벨라르는 자신이 겪었던 불행하고도 참담했던 일을 다른 사람에게 이야기함으로써, 그가 고통스럽다고 느꼈던 일이 사실상은 전혀 고통스럽지 않거나 미미한 고통에 불과하다고 여기도록 하려는 의도에서 그 편지를 썼기 때문이다. 아벨라르는 그 편지의 시작과 끝 부분에서 그런 자신의 의도를 분명히 밝혔다. 〈자서전〉은 아벨라르가 53세였던 1132년에 쓰였는데, 엘로이즈와 만났던 길지 않은 시간을 제외한다면 그의 삶은 단 한순간도 행복한 적이 없었다고 말해도 결코 과언이 아니다. 그 편지에서 묘사된 아벨라르의 삶은 실제로 고통스러운 순간으로 가득하며, 그 편지를 읽다 보면 '한 사람의 삶이 어떻게 그처럼 불행으로 가득할 수 있는가?'라는 생각을 하게 된다. 그 편지를 읽었던 엘로이즈도 동료 수도사를 위안하려 했던 아벨라르의 의도가 분명히 성공적이었으리라고 말한다.

다른 수도사에게 보내진 〈자서전〉을 그녀가 어떤 경로로 입수했는지
는 자세하게 알 수 없으나, 아벨라르에게 보내는 첫 번째 편지에서 엘로
이즈는 아벨라르의 지인 가운데 한 사람이 그것을 자신에게 전해줬다고
말한다. 엘로이즈가 편지를 통해서나마 이렇게 연인이자 남편이자 아들
의 아버지인 아벨라르의 소식을 듣게 된 것은 15년 만의 일이었다. 그
녀는 그 오랜 세월 동안 자신에게 아무 연락이 없던 남편이, 다른 사람
을 위로하기 위해 그런 편지를 쓰고 있다는 사실이나, 연인인 자신과의
사이에 있었던 은밀한 행위와 대화를 아무런 숨김 없이 제3자에게 모두
이야기하고 있다는 사실을 원망하지는 않는다. 다만 그녀는 아벨라르가
그토록 많은 시련을 겪었다는 사실에 먼저 고통스러워했고, 그 편지로
인해 떠오른 자신의 기억 때문에 고통스러워했다. 무엇보다도 32세의
수녀원장 엘로이즈는 15년 만에 이어진 아벨라르와의 연결 고리를 놓치
지 않으려고 안간힘을 썼던 듯 보인다. 이루어지지 않았던 15년 전의 옛
사랑은 그녀에게 단순히 옛 기억 속의 사랑이 아니라 생생하게 살아 있
는 진행형의 사랑이었다.

▪파리에 도착한 아벨라르

아벨라르는 오늘날 프랑스 낭트 지역에서 가까운 브르타뉴 공국의 르
팔레라는 작은 마을을 영지로 삼고 있던 귀족 집안에서 4남 1녀 가운데

맏아들로 태어났다. 〈자서전〉에서 아벨라르는 자신의 군대를 가진 영주였던 부친이 군인이 되기 전에 교육을 받은 적이 있었을 뿐 아니라 학문적 열정이 매우 강했기 때문에, 아들들도 무기 사용법을 배우기 전에 반드시 교육을 받길 원했다고 전한다. 특히, 장남이었던 아벨라르에게 많은 기대를 품었던 그의 부친은 아들이 보여주는 탁월한 학문 능력을 무척 기쁜 마음으로 반겼을 것이다. 하지만 자신의 뒤를 이어 군인이 되리라는 부친의 기대와는 달리, 아벨라르는 학업에 성취를 보이면서 학문에 심취했고, 군인이 되어 무기를 들고 전쟁터에서 싸우기보다는 철학자가 되어 논리학이라는 무기를 들고 공개 토론장에서 씨우는 길을 선택했다. 그는 영주로서의 보장된 삶을 살기보다는 오히려 여러 성당학교를 옮겨 다니면서 논쟁과 토론에서 타인을 설복하고 압도하는 데 더 매력을 느꼈다. 결국 아벨라르는 장남으로서의 모든 권리를 동생들에게 넘겨주고 철학자의 길을 선택했다.

12세기에 교육을 받고 책을 읽기 위해서는 먼저 라틴어를 배워야 했다. 일반 대중은 프랑스어를 사용했지만 프랑스어로 쓰인 책은 없었기 때문이다. 아벨라르가 태어났던 브르타뉴에도 그 나름대로의 언어가 있었으나 그의 집안에서는 프랑스어를 사용했기 때문에 그는 브르타뉴어를 몰랐다고 한다. 〈자서전〉에서 그는 자신이 어렸을 때 브르타뉴에서 어떤 교육을 받았는가에 대해 아무 언급을 하지 않는다. 하지만 다른 자료에 따르면, 그는 브르타뉴에서 100킬로미터 정도 떨어진 콩피에뉴의 수도원에서 공부했다. 그 수도원의 성당학교에는 당시 변증술이라고도 불렸던 논리학의 대가로 명성을 얻고 있던 로스켈리누스Roscellinus, 1050?~1125?가 교사로 있었다. 아벨라르는 그의 밑에서 3~5년간 철학을 공부했다고 알려져 있다(Levitan, 2007, 2쪽) 사실 그가 그렇게 한자리에 오래 머물렀다는 사실은 다소 특이하다. 아벨라르는 방랑자 기질이 있었기 때문이다. 그는 〈자서전〉에서 콩피에뉴를 떠난 후 논쟁거리와 논쟁 상대가 있는 곳이라면 어디든지 찾아가 상대방을 굴복시키는 진정한 소요학파의 일원으로 살았다고 말한다. 소요학파는 논리학의 창시자인 고대 그리스의 아리스토텔레스가 산책을 하면서 철학적 논의를 했다고 해서 붙은 이름으로, 아벨라르는 산책 이상의 여행을 했지만 아리스토텔레스의 삶을 뒤따른다는 점을 자랑스럽게 생각했던 것으로 보인다.

논쟁 상대를 언제든 굴복시킬 수 있다는 학문적 자신감이 넘쳤고, 실제로 많은 논쟁 상대를 굴복시켰던 아벨라르는 파리로 향했다. 11~12세기 당시의 파리는 아직 도시로서의 형태를 갖추지 못했고, 로마 시대의 건축물이 파괴된 채로 남아 있던 거주지였다(제임스 버지, 2006, 73~75쪽). 하지만 파리는 새로운 학문의 중심지이자 철학이 번창하는 곳이었고, 무엇보다도 그곳에는 아벨라르가 유일하게 "탁월한 논리학 교사"라고 인정했던 샹포의 윌리엄William of Champeaux, 1070?~1121 (또는 샹포의 기욤)이 있었다. 노트르담 성당학교의 교사였던 윌리엄은 특히 논리학 강의로 유명했으며, 그의 명성만큼이나 많은 제자가 그를 따랐다.

아직 스물한 살밖에 되지 않은 청년 아벨라르는 윌리엄의 제자가 되었고, 아마도 그의 재능 때문에 윌리엄은 처음 얼마간은 그를 총애했던 듯싶다. 하지만 그런 우호적 사제 관계는 오래 지속되지 않았다. 아벨라르가 처음부터 윌리엄의 학문적 권위와 명성에 반감을 가졌거나 그의 견해를 비판할 계획을 품지는 않았을 것이다. 하지만 그는 윌리엄의 강의를 들으면서 떠오르는 어려운 물음을 질문함으로써 그를 곤혹스럽게 만들었을 뿐만 아니라 그의 주장이 지닌 문제점을 지적하거나 반박함으로써 그가 스스로 틀렸다고 인정하게 만들기도 했다. 이런 일은 항상 충만했던 아벨라르의 자신감을 더욱 고양시키고, 시골에서 올라온 그의 이름을 널리 알리는 계기가 되었다. 많은 학생은 자신보다 어리거나 비슷한 또래인 아벨라르의 독설과 비판에 열광했을 것이다. 하지만 의기양양한 이 청년의 등장과 활약상을 모두가 반기지는 않았다. 윌리엄을 비롯한 노트르담 성당학교의 많은 교사는 물론 같이 강의를 듣던 일부 학생도 그를 불쾌하게 생각했다. 아벨라르는 당시의 상황을 다음과 같이 정리한다.

> 나는 잠시 동안 윌리엄의 학교에서 머물렀다네. 그런데 그가 처음에는 나를 환영했지만, 내가 그의 주장들 가운데 몇 가지를 부정하기 시작하면서 그는 곧 내게 격렬한 혐오감을 드러냈다네. 몇몇 경우에, 나는 나 자신이 논쟁에서 그보다 우월하다는 사실을 입증했던 것이네. 내 동료들 가운데 지도자들로 여겨졌던 사람들도 불쾌하게 생각했으며, 그들은 내가 가장 최근에 들어온 가장 어린 학생임을 알게 되자 더욱더 불쾌하게 생각했다네. 〈자서전〉

아벨라르는 스승이나 동료 학생이 자기를 싫어했던 이유가 자신의 학문적 능력이 우수했고, 성당학교에 입학한 지 얼마 되지 않았으며, 또한 나이가 가장 어렸기 때문이라고 생각한다. 파리에서 생활하기 전 아벨라르가 스승이나 동료에게서 어떤 평가를 받았는지 확인할 방법은 없다. 그러나 윌리엄의 성당학교에서 미움을 샀던 일이 "불행의 시작"이었다고 말한다. 그리고 그 불행은 한 번으로 끝나지 않고 그의 일생 동안 끊임없이 지속되었다.

60세 즈음에 엘로이즈에게 보냈던 〈신앙고백록〉(또는 〈고백록〉)에서, 아벨라르는 세상으로 하여금 자기를 혐오하게 만들었던 것은 바로 '논리학'이었다고 말한다. 모든 판단을 이성에 의존하는 논리적 사고와 논리적 태도로 인해 세상의 미움을 받게 되었다는 것이다. 아벨라르는 논리학이 모든 문제에 올바른 답을 제시해줄 수 있다고 믿었고, 따라서 논리적 사고 능력을 갖춘 자신이 그런 답을 제시해줄 수 있으리라고 믿었다. 논리학을 통해 진리를 탐구하려는 그에게 윌리엄의 권력이나 명성은 아무런 장애가 될 수 없었다. 그는 "우리는 의심함으로써 탐구하고, 탐구함으로써 진리에 도달한다"라는 신념에 기초하여 진리를 위해 끊임없이 의심하고 탐구했다(제임스 버지, 2006, 98쪽).

노트르담 성당학교에서의 생활은 오래 지속되지 않았다. 아벨라르의 학문적 열정을 좋아하고, 권위와 명성에 도전하는 그의 신랄한 태도에서 통쾌함을 느끼는 사람도 있었지만, 자신을 미워하는 스승이 있는 곳에서 계속 생활하기는 어려웠을 것이다. 무엇보다 그는 아마도 스승 윌리엄에게 더 배울 것이 없다고 생각했을지도 모른다. 그런 몇 가지 이유로, 파리에 도착한 지 2년 정도 되었을 때 그는 자신의 학교에서 스스로 교사가 되어 학생들을 가르치겠다고 결심한다. 이때 그의 나이는 불과 23세였다.

학교를 설립하려는 아벨라르의 계획이 아무 문제 없이 순조롭게 진행된 것은 아니다. 그 계획을 알아차린 윌리엄이 아벨라르의 학교가 파리에서 가능한 멀리 떨어져 있어야 한다고 주장하면서 사실상 자신이 가진 모든 영향력을 이용하여 그 계획 자체를 무산시키려고 노력했다. 하지만 윌리엄과 적대 관계에 있던 일부 권력자와 그의 노골적인 시기심을 경계했던 사람들의 도움을 통해, 아벨라르는 우여곡절 끝에 학교를 열고 강의를 시작할 수 있었다. 논리학 교사로서 아벨라르는 동료나 스승의 명성을 넘어섰고, 그의 학교에는 신랄하고 재치가 넘치며 젊다 못해 어리기조차 한 교사의 강의를 들으려는 학생으로 가득했다. 파리 남동부로 대략 50킬로미터 정도 떨어져 있는 믈룅Melun에서 학교를 설립하여 성공을 거둠으로써 자신감을 갖게 된 아벨라르는 파리에서 좀 더 가까운 코르베유Corbeil에 새로운 학교를 옮겼다. 〈자서전〉에서 그는 학교를 옮긴 이유가 스승 윌리엄을 "더욱 자주 대면하면서 그를 당황하게 만들기 위해서"였다고 말한다. 파리에서 38킬로미터 정도 떨어진 코르베유를 본부로 삼은 그는 걸어오는 싸움을 결코 피하지 않을 뿐만 아니라 기회가 생기는 대로 자신이 먼저 싸움을 걸기도 하는 전형적인 싸움꾼의 모습을 보여준다.

믈룅과 코르베유에서 3년간(1102~1105) 학생을 가르치던 아벨라르는 건강상의 이유를 들어 고향인 브르타뉴로 돌아가 3년간(1105~1108) 머물렀다. 그가 고향에 머물렀던 기간은 윌리엄이 권력을 지닌 파리의 부주교로 재직하던 기간과 일치하며, 윌리엄이 부주교직을 사퇴하자 아벨라르는 다시 파리로 향했다. 이것은 그의 낙향이 단순히 건강상의 문제만이 아니었으며, 윌리엄의 핍박을 피하려는 의도도 있었음을 시사한다. 1108년에 파리로 돌아간 아벨라르는 놀랍게도 윌리엄의 수사학 강의에 참여했다. 이것이 화해를 위한 시도였는지는 알 수 없으나, 그들의 재회는 두 사람의 불화를 더욱 심화하는 결과를 가져왔다. 아벨라르는 윌리엄과의 논쟁이 철학적으로 논란이 되는 "보편자의 문제"에 대한 것이었으며, "그에게 보편자에 대한 기존의 태도를 수정하도록, 아니 차라리 포기하도록 만드는 일련의 명쾌한 논리적 증거를 제시했다"고 자신의 승리를 전한다(이 문제는 아래에서 다시 자세히 다룰 것이다).

그 후 아벨라르는 1112년에 다시 고향으로 돌아갔다가 1113년에 파리 북동부로 140킬로미터 떨어져 있는 랑Laon으로 가서 윌리엄의 스승이었던 안셀무스Anselmus, 1033~1109의 강의에 참여했다. 그는 "신학을 배우기 위해서"라는 이유를 제시하지만, 이제는 자신의 적대자가 된 스승 윌리엄의 스승을 군이 찾아갔던 이유는 분명하지 않다. 아벨라르는 안셀무스의 학문적 역량에 대해 가혹하고도 모욕적인 평가를 제시한다. 그는 안셀무스가 "학문이나 사고 능력보다는 오랫동안 수련해서 명성을 얻은" 사람이었고, 탁월한 어휘 능력을 갖췄으나 무가치하고 무의미한 말을 하는 사람이었으며, 궁금증을 가진 사람을 더욱 혼란스럽게 만드는 사람이었다고 평가한다. 아벨라르는 점차 안셀무스의 강의에 참석하지 않게 되었고, 오히려 몇몇 학생을 모아 신학에 관한 자신의 강의를 시작했다.

아벨라르는 성서 해석에 논리학을 적용하는 새로운 시도를 했다. 아벨라르가 탁월한 논리학 교사였음은 잘 알려져 있었지만, 신학에 관한 그의 지식에 대해서는 거의 알려져 있지 않았기 때문에, 학생들은 처음에는 그의 강의에 별다른 호기심을 보이지 않았다. 그러나 그의 강의에 참석했던 소수의 학생이 그의 새로운 성서 해석에 감탄했고, 그런 사실이 소문나기 시작하면서 그의 강의는 또다시 큰 인기를 누리게 되었다. 아벨라르가 스승 윌리엄을 적으로 만들었듯이, 이번에는 스승의 스승인 안셀무스마저 자신의 적으로 만들었다. 그로 인해 윌리엄은 아벨라르의 철학 강의를 방해했으며, 안셀무스는 그의 신학 강의를 방해하게 되었다. 특히, 알베릭과 로툴프라는 안셀무스의 수석 제자는 자신들이 추종했던 스승의 명예를 손상한 아벨라르를 결코 용서하지 않았고, 아벨라르가 살아 있는 내내 그를 파멸하려고 노력했다(제임스 버지, 2006, 141쪽).

결국 랑을 떠날 수밖에 없었던 아벨라르는 1114년에 다시 파리로 돌아갔고, 파리에 처음 도착하여 학생으로 생활하다가 도망치듯 떠날 수밖에 없었던 노트르담 성당학교에서 이번에는 교장으로 취임했다. 그는 늘 그랬듯이 많은 적을 만들었고, 여전히 많은 학생에게 인기 있는 교사로서의 능력을 갖추고 있었다. 그는 철학과 신학을 모두 강의했으며, 탁

19세기 중반에 판화로 그려진 엘로이즈의 모습. 그녀는 중세의 탁월한 여성 철학자였다. 실제로 아벨라르는 그녀의 외모가 아니라 학문적 재능에 호감을 느꼈고, 치밀한 작전 끝에 연인이 되었다.

월한 철학 교사로서 얻었던 명성만큼이나 탁월한 신학 교사로서의 명성을 얻기 시작했다. 많은 수의 학생은 큰돈과 높은 명성을 의미했다. 아벨라르는 몇 년간 돈과 명성에 둘러싸여 피상적으로나마 안정된 삶을 살았다. 그러던 중 마침내 그의 삶에 큰 전기가 되었을 뿐만 아니라 행복과 고통을 동시에 안겨준 엘로이즈와의 만남이 있던 1116년이 다가왔다.

엘로이즈의 가정 교사 아벨라르

엘로이즈가 정확히 언제 태어났는지는 알 수 없다. 학자들은 그녀의 출생 연도를 1090년이나 1095년 또는 1100년으로 추정한다. 1079년에 태어난 아벨라르보다 그녀의 나이가 적게는 열한 살이나 열여섯 살에서 많게는 스물한 살이 어렸다는 것이다(엘로이즈의 나이는 학자에 따라 달리 기록되었다). 아벨라르가 처음 엘로이즈를 만났던 때는 36세였던 1115 년이었다. 그때 이미 엘로이즈가 어느 정도 학식을 갖춘 여성으로 알려져 있었다는 점을 고려한다면(제임스 버지, 2006, 146~149쪽), 당시 그녀의 나이가 최소한 20세나 25세였고, 따라서 그녀가 1095년이나 1100년에 태어났다고 보는 편이 적절할 터다. 그녀의 부모가 누구인지 또는 그녀의 성이 무엇인지는 알 수 없고, 다만 그녀가 퓔베르Fulbert라는 성당 참사관의 조카로서 그의 보살핌을 빚었다는 사실만이 알려져 있다.

아벨라르는 어떤 경로를 통해 엘로이즈에 대한 이야기를 듣고, 그녀에게 관심을 갖게 되었다. 그는 그녀를 자신의 연인으로 만들려는 치밀한 작전을 세웠다.

> 파리에는 엘로이즈라는 이름을 가진 젊은 여성이 있었네. 그녀는 성당 참사관들 가운데 한 사람인 퓔베르의 조카였는데, 그는 그녀에게 많은 관심을 갖고 있어서 그녀의 교육을 위해서라면 무슨 일이든 할 사람이었네. 그녀의 생김새도 여성들 가운데 최악은 아니었지만, 학문적으로 그녀는 최고였다네. 학문적인 재능을 가진 여성이 아주 드물기 때문에, 그 재능은 그녀의 매력을 더욱 돋보이게 한 데다가 그녀를 프랑스 왕국 전역에서 유명하게 만들었지. 대체로 연인을 매료시킬 만한 모든 것들을 고려할 때, 나는 그녀가 내 침대로 끌어들일 만한 최고의 여성이라고 결론지었

네. 나는 쉽게 성공하리라 확신했네. 나 자신이 당시에 유명했고, 젊었고, 또한 아주 잘생겼고, 따라서 내 사랑을 받을 만한 가치가 있다고 내가 생각하는 어떤 여성도 나를 거절하지는 못할 것이기 때문이지. 〈자서전〉

아벨라르는 조카딸의 교육에 많은 관심을 가진 퓔베르로 하여금 자신을 가정 교사로 채용하도록 유도했다. 퓔베르는 학문적 명성이 높았던 그가 하숙비를 지불할 뿐만 아니라 기꺼이 조카딸의 교육도 맡아주겠다는 매력적인 제안을 거부할 수 없었을 것이다. 위 인용문에서 아벨라르는 엘로이즈에 대한 호기심이 그녀의 용모가 아니라 재능 때문이었음을 강조하는 한편, 자기 자신의 모든 면에 지나칠 정도로 강한 자부심을 보인다. 먼저 아벨라르의 명성과 용모에 대해서는 엘로이즈도 동의한다.

어떤 왕이나 철학자가 그대의 명성에 견줄 수 있겠습니까? …… 당신이 대중 앞에 나타날 때 어렴풋이나마 당신을 보기 위해 서두르거나 또는 당신의 떠나는 모습을 보기 위해 목을 길게 늘이거나 눈을 크게 뜨지 않았던 사람이 누가 있겠습니까? …… 어떤 귀족 부인이나 심지어 왕비라 할지라도 제 즐거움과 제 침대를 부러워하지 않았던 사람이 있었을까요? 〈엘로이즈, 첫 번째 편지〉

엘로이즈는 아벨라르의 명성과 용모는 물론이고 시적 재능과 음악적 재능이 그의 매력을 더했다고 말한다. 학문적 재능이 있었던 그녀도 이미 아벨라르에 대한 그런 소문을 듣고 있었을 것이다. 오래지 않아 아벨라르는 엘로이즈를 자신의 연인으로 만들려던 목적을 결국 달성했다. 그들은 연인이 되었고, 서로를 탐닉하는 데 많은 시간을 할애했다.

> …… 우리는 수업을 핑계로 우리 자신을 사랑에 완전히 내던졌다네. 그녀의 공부는 사랑이 바라는 대로 우리를 사람들의 눈에서 격리해줬다네. 우리 앞에 책들이 펼쳐져 있었지만 그것들을 읽기보다는 사랑의 밀어를 더 많이 주고받았고, 가르침보다는 키스를 더 많이 주고받았지. 나의 손은 책장보다는 그녀의 굴곡진 몸에 더 자주 머물렀다네. 사랑은 우리의 눈이 책보다는 서로를 바라보도록 이끌었다네. 《자서전》

풀베르가 조카딸의 교육은 전부 아벨라르에게 위임했고, 심지어는 체벌을 해도 좋다고 허락했다고 한다. 이것은 아벨라르의 표현대로 "탐욕스러운 늑대에게 순진한 양을 맡긴" 것이나 마찬가지였다. 아벨라르는 실제로 엘로이즈에게 매질을 했던 적이 있는데, 그것은 교육을 위한 것이 아니라 엘로이즈와의 은밀한 행위를 위장하기 위한 것이었다고 고백하면서도, 그것이 단연코 "사랑의 매였지 화가 나서 때린 것은 아니었"으며, 또한 "그것은 분노의 상징이 아니라 가장 향긋한 향유보다도 더 달콤한 정겨움의 상징이었"다고 미화한다. 그러나 18개월 정도 지속된 애정 행각의 여파는 참혹했다. 육체적 탐닉에 깊이 빠졌던 아벨라르의 학문적 열정은 식을 대로 식었고, 공부할 시간을 찾지 못했던 그의 강의는 부가적인 연구 없이 기존의 내용만을 답습했으며, 예리하고 총명했던 그는 기력을 상실하고 모든 것에 의욕을 잃었다. 설상가상으로, 그들의 관계가 사람들의 입에 오르내리기 시작했고, 마침내 엘로이즈의 삼촌인 퓔베르의 귀에까지 들어갔다.

아벨라르와 엘로이즈는 미혼 남녀였기에 그들이 사귄다는 것이 심각한 잘못은 아니었고, 당시에는 수도사가 내연의 처를 두는 경우도 흔했기 때문에 아벨라르가 수도사라 해도 그것이 그들의 만남에 크게 문제되지는 않는다. 아벨라르는 아직 수도사가 아니었지만 그가 공개적으로 결혼하는 경우에는 성당학교의 교사 신분은 포기해야 했다. 수도사만이 성당학교의 교사나 교장이 될 수 있는 것은 아니지만, 그래도 수도사가 될 수 있는 미혼의 가톨릭교도에게 허용되는 신분이었기 때문이다. 아벨라르와 엘로이즈의 관계를 알게 된 퓔베르는 그들이 서로 만나지 못하게 조치했다. 학자로서, 수도사로서 명성이 높았던 가정 교사 아벨라르와 누구보다도 순결하고 영리하고 귀여웠고 또한 자신이 누구보다도 신뢰했던 조카딸이었기에, 그가 느낀 배신감은 말로 표현할 수 없을 정도로 컸다. 하지만 헤어져 있었음에도 그들은 몰래 만남을 지속했다. 그러던 어느 날 엘로이즈는 자신의 임신 사실을 아벨라르에게 전했다. 퓔베르가 부재한 틈을 타 아벨라르는 엘로이즈를 브르타뉴에 있는 한 남동생의 집으로 보내 보살핌을 받게 했고, 그곳에서 엘로이즈는 아스트랄라베라는 이름을 갖게 된 아들을 출산했다. 퓔베르는 엘로이즈의 출산 소식을 몰랐던 것으로 보인다. 그렇지만 자신의 조카딸을 파리에서

400킬로미터나 떨어진 곳으로 납치하듯이 빼돌렸다는 사실만으로도 그는 아벨라르를 더더욱 용서할 수 없었다.

•아벨라르의 결혼, 거세, 그리고 이별

엘로이즈는 자기를 어릴 때부터 보살펴줬던 삼촌과 화해하기를 바랐고, 그녀의 뜻에 따라 아벨라르는 퓔베르를 찾아가 무릎을 꿇고 용서를 빌었다. 그러던 중에 아벨라르는 결혼을 통해 책임을 지겠다는 뜻밖의 제안을 했다. 이것이 뜻밖인 이유는 그가 엘로이즈와는 결혼에 대해 상의하지도 않았기 때문이다. 그러면서 그는 자기 자신의 명예를 위해서 그 결혼을 비밀리에 해달라는 한 가지 조건을 제시했다. 이것은 아마도 아벨라르가 교사 신분을 유지하기 위해서였을 수도 있다. 퓔베르는 이 조건을 받아들여 그들의 결혼을 허락했다. 그런데 나중에 아벨라르는 이것이 자기를 기만하려는 퓔베르의 책략이었다고 말한다. 퓔베르의 허락은 아벨라르를 안심시켜서 그의 위협을 받을지도 모르는 엘로이즈를 구출하기 위한 수단에 불과했다는 것이다.

브르타뉴로 돌아간 아벨라르는 엘로이즈에게 결혼 이야기를 꺼냈다. 하지만 당연히 동의하리라고 생각했던 엘로이즈는 그 제안에 강력하게 반대했다.

나는 내 연인을 데리고 돌아가 나의 아내로 만들기 위해 곧장 브르타뉴로 갔지. 하지만 그녀는 그 생각에 동의하기는커녕, 두 가지 이유에서 그 것에 강력하게 반대했네. 그녀는 그것이 위험하며, 또한 그것이 나의 불명예를 의미하리라고 말했네. 그녀는 자기 삼촌이 이것이든 다른 어떤 것이든 결코 만족하지 못하리라고 단언했고, 그 말이 옳았다는 것은 나중에 입증되었지. 그녀는 이렇게 물었네. 그녀가 나의 명성을 파괴하고 우리 둘 모두를 수치스럽게 만든 여인으로 기억되지 않겠느냐고. 그녀가 세상 으로부터 그처럼 위대한 빛을 훔쳐 간다면, 세상이 그녀에게 어떤 대가를 요구하겠느냐고. 이 결혼이 가져올 비난과 욕설, 철학자들의 눈물, 교회 의 손실을 내가 상상할 수 있겠느냐고. 자연이 모든 인류를 위해 창조했 던 사람이 이제 한 여인의 소유물이 된다는 것이 내게 얼마나 안된 일이 겠느냐고. 그리고 내가 이런 모욕을 견뎌낼 수 있겠느냐고. 그녀는 그 결 혼을 완전히 거부했다네. 그것은 모든 면에서 내게 불명예스럽고도 불쾌 한 일이 될 것이라고 말일세. …… "어떤 남편이 아이들의 울음소리, 아이 들을 달래는 유모의 노랫소리, 집 주변을 들락거리는 하인들의 소음을 견 뎌내면서 성경이나 철학에 집중할 수 있겠습니까?"(따옴표 안의 말은 아벨 라르가 엘로이즈의 말을 그대로 인용한 것)〈자서전〉

엘로이즈가 결혼을 반대하는 이유는 결혼으로 인해 발생하는 많은 일 이 아벨라르의 학문적 성취를 방해하리라는 것이다. 사소한 일에 신경 을 쓰는 사람은 제대로 된 철학자가 될 수 없다는 것이 그녀의 생각이었 다. 더 나아가 "자연이 모든 인류를 위해 창조했던 사람이 이제 한 여인의 소유물이" 되어서는 안 된다는 표현은 엘로이즈가 아벨라르에게 보낼 수 있는 최고의 찬사일 것이다. 그녀는 철학을 위해서, 신학을 위해서, 궁극적으로는 세상을 위해서 자신이 아벨라르를 독차지하지 않겠다는 강력한 의지를 전했다. 이런 그녀의 태도는 헤어진 지 15년 만에 아벨라르에게 보내는 편지에서도 유지되고 있다.

> 아내라는 이름이 더욱 성스럽거나 또는 더욱 결속된 듯이 보일 수도 있습니다. 그러나 제게 더욱 달콤한 것은 항상 애인이라는 단어 또는, 당신이 허락하신다면, 정부나 창녀라는 단어일 것입니다. …… 하느님께 맹세코, 만약 전 세계의 황제인 아우구스투스가 영예롭게도 제게 청혼하고 또한 세상의 모든 것을 제게 영원히 안겨주기로 결정했다 할지라도, 그의 황후가 되기보다 당신의 창녀가 되는 것이 제게는 더욱 달콤하고 또한 더욱 영예로울 것입니다. 〈엘로이즈, 첫 번째 편지〉

위 인용문들은 엘로이즈의 두 가지 의지를 반영한다. 첫째는 황후가 되어 부귀영화를 누린다 해도 남의 아내가 되지는 않겠다는 것이며, 둘째는 차라리 아벨라르의 애인으로 남을지언정 그와 결혼함으로써 철학자와 신학자로서의 그의 학문적 성취를 방해하거나 손상하지 않겠다는 것이다. 엘로이즈가 이처럼 강하게 거부했지만, 아벨라르의 고집을 꺾지 못하고 결국 그의 뜻을 따라 결혼식을 거행했다. 비밀 결혼식이었기 때문인지 결혼식은 새벽녘에 진행되었고, 삼촌 퓔베르를 비롯한 소수의 가까운 친구만이 모였다. 하지만 결혼식을 올리는 것으로 모든 일이 마무리되지는 않았다.

아벨라르와 엘로이즈는 결혼식을 올린 부부임에도 불구하고, 결혼했다는 사실을 숨기기 위해 서로 떨어져 살았지만, 시간이 흘러가면서 그들의 결혼 사실이 소문나기 시작했다. 아벨라르는 그것이 퓔베르와 그의 친척들이 꾸민 음모라고 단정했다. 그러던 중에 아벨라르는 퓔베르가 엘로이즈를 학대했다는 사실을 알게 되자 또다시 그녀를 몰래 빼내어 그녀가 어린 시절에 생활했던 적이 있는 아르장퇴유 수녀원에 숨겼다. 퓔베르는 아벨라르가 엘로이즈와 헤어지기 위해 그녀를 수녀원으로 보냈다고 생각하고는 몇 명의 하인을 보내 아벨라르에게 복수하게 만들었다.

> ······ 내가 하숙집의 내실에서 평화롭게 잠들어 있던 어느 날 밤에, 그들은 내 하인을 한 사람 매수하여 자신들을 안으로 들여보내주도록 했고, 또한 그곳에서 온 세상을 놀라게 할 만큼 야만스러운 잔인한 복수를 행했다네. 그들은 내가 잘못을 저지르는 데 사용했다고 그들이 불평했던 내 신체의 일부를 잘라냈다네. 〈자서전〉

밤에 침입한 하인들은 아벨라르를 거세했다. 여기에서 "거세"는 고환만을 제거하는 것일 수도 있고, 성기만을 절단하는 것일 수도 있고, 또는 두 가지를 모두 제거하는 것일 수도 있다. 나중에 아벨라르를 습격했던 하인들을 붙잡아서 눈을 멀게 하고 거세했다는 사실은 그에게 아무

위안이 되지 않았다. 그리고 무엇보다도 아벨라르가 더욱 힘들어했던 것은 거세를 당했다는 사실 자체보다 그로 인해 느끼는 수치심과 모멸감이었다.

> 특히, 성직자들과 내 학생들은 견디기 힘들 정도의 울음과 한탄으로 나를 괴롭혔으며, 내 상처의 고통보다 그들의 위로가 더 고통스러웠고, 또한 불구가 되었다는 비참함보다 수치심과 모멸감을 더 크게 느꼈다네. …… 나는 내 경쟁자들이 내 징벌에 대해 얼마나 기뻐할 것인지, 이 쓰라린 타격이 내 친구들과 부모들에게 얼마나 오래 지속될 고통과 비참함을 안겨 줄 것인지, 그리고 들어보지도 못했던 이 불명예에 대한 소식이 얼마나 빨리 온 세계에 퍼져나갈 것인지를 생각했다네. 지금 나는 어떤 길을 선택해야만 할까? 모든 사람들이 손가락질하고, 모든 사람들이 조롱하며, 내가 만나는 모든 사람들에게 끔찍한 구경거리가 될 텐데, 내가 사람들 앞에서 어떻게 얼굴을 들 수 있겠나? 〈자서전〉

아벨라르는 일차적으로는 다른 사람의 시선을 두려워했지만, 그는 곧 더 두려운 사실을 떠올렸다. 그것은 바로 신체를 훼손당한 사람은 교회 출입조차 허용되지 않는다는 것이다.

> 거세는 신에게 너무도 혐오스러운 것이기 때문에 신체의 일부가 절단되거나 불구가 된 사람들은 마치 그들이 악취를 풍기거나 불결한 사람들인

것처럼 교회에 들어서는 것조차 금지시킨다는 잔인한 법률의 내용을 기억하고는 나는 소름이 끼치기도 했다네. 〈자서전〉

그러나 아벨라르처럼 부당하게 사고를 당한 사람들의 경우에는 그런 규칙을 적용하지 않고 예외를 허용하기도 했던 것으로 보인다(비교: 에버하르트 호르스트, 2005, 113쪽). 더 나아가 파리의 주교이자 대수도원장인 질베르Gilbert는 그에게 수도사가 되라고 권유했다. 아벨라르의 비밀 결혼이 세상에 널리 알려졌기 때문에 그를 그대로 성당학교의 교장으로 둔다는 것은 그를 교장으로 임명했던 질베르 자신의 오류를 의미하기도 했기 때문에, 해결책으로 아벨라르를 수도사로 만듦으로써 세상의 논란을 잠재울 수 있다고 생각했을 것이다(비교: 제임스 버지, 2006, 235쪽). 아벨라르는 질베르의 제안에 따르기로 결심하지만, 자신이 수도사가 되었던 것은 어떤 독실한 신앙심에 의해서가 아니라, 단지 자신이 겪고 있던 깊은 좌절감과 고통스러운 수치심 때문이었다는 점을 분명히 한다. 이렇게 그는 당시에 명성이 높았을 뿐만 아니라 많은 장서를 지닌 도서관을 갖고 있던 생드니 수도원에서 학문 탐구를 계속할 수 있는 조건을 갖추게 되었다.

아벨라르는 자신의 문제로 인해 엘로이즈를 배려할 여유를 찾지 못했고, 그러던 중에 그녀는 이전에 생활하고 도피한 적이 있던 아르장퇴유 수녀원에서 서원을 받고 수녀가 되었다. 아벨라르는 〈자서전〉에서 그녀가 서원을 받은 것이 아벨라르 자신의 뜻과 그녀의 뜻이 일치했기 때문이라고 말한다. 하지만 나중에 아벨라르에게 보내는 편지에서 엘로이즈는 그것이 전적으로 그의 뜻에 따른 것이었다고 말한다.

제 마음뿐만 아니라 제 몸도 오직 당신에게만 속한다는 것을 보여드리기 위해 저는 당신의 뜻에 따라 성의(수녀복)로 갈아입고 제 마음도 바꾸었습니다. …… 어린 시절에 저를 수녀원의 혹독함으로 몰아넣었던 것은 종교적 삶에 헌신하려는 마음에서가 아니라 단지 당신의 뜻에 따른 것이었습니다. 〈엘로이즈, 첫 번째 편지〉

엘로이즈는 또 다른 편지에서도 비슷한 내용을 반복해서 말한다.

하느님이 아시듯이, 지금까지 제 삶의 모든 순간에 있어서, 저는 하느님보다는 당신을 불쾌하게 만들 것을 더 두려워했고, 하느님보다는 당신을 더 기쁘게 만들려고 노력했습니다. 저를 수녀로 만든 것은 하느님에 대한 사랑이 아니라 당신의 뜻이었습니다. 〈엘로이즈, 두 번째 편지〉

엘로이즈는 자신이 수녀 서원을 한 것이 오직 아벨라르의 뜻을 거스르지 않기 위해서였지 신앙심에 의해서가 아님을 분명히 한다. 아벨라르가 〈자서전〉에서 엘로이즈의 수녀 서원에 대해 구체적인 정황을 설명하는 것을 볼 때, 그도 그 자리에 참석했던 듯하다. 그 일이 있은 뒤로 그들은 이별했고, 연인이자 부부였던 그들은 아마도 서로의 소식을 들

었을지는 모르지만 15년이라는 세월 동안 아무런 직접적 교류 없이 각
자의 삶을 영위했다.

수도원장 아벨라르와 수녀원장 엘로이즈

아벨라르와 엘로이즈가 각각 수도사와 수녀가 된 것은 그들이 만난 지
2년이 채 되지 않았던 1117년이었다. 그들이 수도사와 수녀가 된 것은
모두 신앙심 때문만이 아니었던 것은 분명하다. 아벨라르가 머물던 파
리의 생드니 수도원은 유럽에서 가장 많은 장서를 갖추고 있었기 때문
에 그의 연구에 많은 도움이 되었을 것이다. 하지만 스승들과의 불편한
관계가 여전히 지속되었고, 그러다가 설상가상으로 교리에 위배되는 주
장을 했다고 고발되기도 했던 아벨라르는 안전을 위해 생드니를 떠나
도피길에 올랐다. 그러던 중에 그는 파리에서 180킬로미터 떨어진 트루
아 지방에서 우연히 약간의 땅을 얻게 되어 그곳에 파라클레트^{Paraclete}라
는 예배당을 지었는데 이때가 1122년이었다. 그곳에서 한동안 머물렀
던 그는 1127년에 브르타뉴의 생질다드뤼^{St. Gildas-de-Rhuys} 지역의 대수도
원장으로 추대되었다.

생드니 수도원에 있을 때의 아벨라르는 세속적이고 부패했던 수도원
장이나 다른 수도사들에게 종종 노골적인 비난을 퍼부었기 때문에 그
다지 환영받지 못했고, 생질다드뤼 수도원의 대수도원장이 되어서는 엄
격한 규율을 강조했기 때문에 수도사들의 공분을 샀다. 특히, 다른 모든

수도원과 마찬가지로 생질다드뤼 수도원에도 내연의 처와 가정을 둔 수도사가 있었고, 그들은 대수도원장인 아벨라르가 자신들의 가족을 부양할 자금이나 물품을 제공해주길 기대했다. 하지만 그의 경영 능력이 그다지 탁월하지 않았을 뿐만 아니라 그는 규율을 강화하면서 그에 따르지 않는 수도사를 파문하겠다고 위협하기도 했다. 이에 대해 수도사들은 단순히 아벨라르를 미워하거나 불평하는 선에서 그치지 않고, 그의 신체에 실질적인 위해를 가하거나 심지어는 독살을 시도했다.

…… 그들이 몇 번이나 나를 독살하려고 했던가. 나는 나 자신의 음식과 음료를 준비함으로써 매일같이 계속되는 그들의 음해를 가능한 조심했고. 그들은 성배에 독을 넣어 성사를 수행하던 나를 죽이려고 시도했다네. 〈자서전〉

아벨라르가 믈룅이나 코르베유, 또는 파리에서 강의할 때 나이가 어린 천재인 그를 근본적으로 싫어하는 사람도 많았지만, 신랄하고 명료하면서도 명쾌했던 그의 강의를 좋아하는 학생도 많았다고 한다. 하지만 일반 수도사로서도 또한 대수도원장으로서도 그의 수도원 생활은 전혀 성공적이지 못했고, 안타깝게도 타인과의 갈등은 그가 세상을 떠날 때까지 계속되었다.

그동안에 엘로이즈가 수녀 서원을 했던 아르장퇴유 수녀원을 생드니 수도원이 인수하면서 그녀와 다른 수녀들은 수녀원을 떠나야 하는 상황에 처했다. 아벨라르는 여러 곳을 전전하면서 정착할 곳을 찾던 그들이 파라클레트 예배당에 머물 수 있도록 교황의 승인을 얻어줬다. 이를 통해, 우리는 그가 엘로이즈의 근황에 관심을 두고 있었으며, 필요할 때는 도움을 제공하려 했다는 사실을 알 수 있다. 이런 사실을 볼 때, 그들이 15년이라는 오랜 세월 동안 직접적 교류를 하지는 않았다는 것이 의아하고 의심스럽다. 어쩌면 그들은 최소한의 공식적 만남은 간혹 가졌지만, 서신 교환 등의 개인적 교류는 하지 않았을 가능성도 있다.

파라클레트는 '위안이 필요한 사람에게 위안을 주는 성령'이라는 의미인데, 어려움에 처한 엘로이즈와 다른 수녀들이 그 수녀원에 정착하게 된 것은 하느님의 위안이었다고 볼 수도 있다. 이제 그들이 파라클레트를 어떻게 운영하느냐에 따라 그들의 운명이 결정되는 것이었다. 중세의 수도원이나 수녀원은 그 대표자가 권력자와 얼마나 친밀한 관계를 이어가고, 얼마나 많은 기부금을 얻어내고 재산을 증식하며, 또한 얼마나 그것을 잘 운영하느냐에 따라 운명이 결정되었다. 이러한 점에서 엘로이즈는 아주 드물게도 성공적인 수녀원장으로서의 역할을 수행했다. 이에 대해 아벨라르는 다음과 같이 묘사한다.

주교들은 그녀를 딸처럼 사랑했고, 수도원장들은 그녀를 누이동생처럼 사랑했으며, 신도들은 그녀를 어머니처럼 사랑했다네. 또한 모든 사람들은 그녀의 경건함과 지혜, 그리고 모든 상황에서 그 무엇도 필적할 수 없는 그녀의 온화함과 인내심을 찬양했지. 그리고 다른 사람들의 눈에는 이

모든 것이 다른 수녀들을 책임지고 있던 나의 수녀를 하느님이 편애하는 것처럼 보였다네. 〈자서전〉

파라클레트에서 수녀로서나 수녀원장으로 안정된 삶을 살고 있던 엘로이즈의 삶은 아벨라르와 비교했을 때 아주 성공적이었다.

하지만 엘로이즈는 항상 무언가 여전히 부족하다고 느꼈고, 그러던 중 아벨라르가 이름 모를 수도사에게 보내는 편지를 받아보게 되었다. 아벨라르에 대한 맹목적인 헌신과 사랑을 보여줬던 엘로이즈는 15년이 지난 뒤에도 여전히 변함없는 사랑을 간직하고 있었다. 하지만 〈자서전〉 이후에 그들이 주고받은 편지에 나타난 서로에 대한 그들의 태도는 매우 달랐다. 〈자서전〉을 읽은 뒤 아벨라르에게 보내는 첫 번째 편지에서 엘로이즈는 그간의 무심함에 대해 그를 원망하는 내용을 적어 보내면서 앞으로는 자주 연락을 달라고 요청했다. 그러자 아벨라르는 자신이 자주 연락을 취하지 않았던 이유는 엘로이즈가 그녀의 현명함과 하느님의 은총을 통해 모든 일을 잘 해내리라고 믿었기 때문이라고 답장했다. 이에 대해 엘로이즈는 아벨라르에게 보내는 두 번째 편지에서 다음과 같이 말한다.

연인으로서 우리가 나누었던 즐거움이 제게는 너무도 달콤했습니다. 그 것이 저를 불쾌하게 만드는 일은 결코 없을 것이며, 또한 제 마음에서 사 라지는 일도 없을 것입니다. 그것은 돌아볼 때마다 항상 제 눈앞에 있을

155
총체적으로 그녀의 것인 그에게

뿐만 아니라 제게 갈망과 공상을 일깨워 저를 잠들지 못하게 만들었습니다. 심지어 우리의 기도가 더욱 순수해야 할 미사 시간에도 즐거움을 줬던 그 음란한 장면들이 제 불쌍한 영혼을 사로잡았고, 제 생각들은 기도가 아니라 쾌락의 방종함에 빠져 있었습니다. 저는 제가 저질렀던 죄에 번민하기보다 단지 제가 잃은 것에 대해 탄식할 수밖에 없었습니다. 우리가 했던 모든 것, 그리고 그 시간들과 장소들이 당신의 모습과 함께 제 가슴속에 각인되어 있었고, 저는 또다시 당신과 함께 그 모든 일을 되새기며 살고 있습니다. 심지어 잠이 들었을 때조차 저는 휴식을 취하지 못했습니다. 때때로 제 생각들은 육체의 움직임에 배신당하거나 또는 경솔한 말로 튀어나오곤 합니다. 〈엘로이즈, 두 번째 편지〉

이 글에서 엘로이즈는 자신이 아벨라르가 생각하는 만큼 현명하지도, 완벽하지도 않을 뿐 아니라 심지어는 음탕하고도 세속적인 생각마저 하는 고결하지 못한 사람이라고 고백한다. 그녀가 스스로 이런 고백을 하는 이유는 자신이 아벨라르가 생각한 것만큼 모든 일을 잘해낼 사람이 아니라는 점을 강조하기 위한 것이다. 이미 보았듯이, 엘로이즈가 아벨라르와의 결혼 생활을 꿈꾼다거나 그를 독차지하길 원하지는 않았다. 그녀는 다만 편지로나마 자주 그의 소식을 듣고 싶고, 자기가 의견을 필요로 할 때 그가 의논 상대가 되어줬으면 좋겠다는 뜻을 전하고 있다. 이것은 무엇보다도 〈자서전〉이나 〈아벨라르, 첫 번째 편지〉를 통해 듣게 되었던 그의 비참한 삶이 그녀의 마음을 고통스럽게 만들었기 때문이다. 달리 말하자면, 그녀는 그에게 위안을 주고, 그로부터 위안을 받고 싶었던 것이다.

그러나 아벨라르는 그토록 오랜 세월이 지났음에도 변함없는 엘로이즈의 솔직한 감정 고백에 당황하고 경계했던 듯하다. 서로에 대한 그들의 감정은 그들의 편지 시작 부분에서 수신자와 송신자를 언급하는 부분에서 먼저 드러난다.

그녀의 주인, 아니 그녀의 아버지,

그녀의 남편, 아니 그녀의 형제께,

그의 하녀, 아니 그의 딸,

그의 아내, 아니 그의 자매로부터,

아벨라르에게 엘로이즈로부터. 〈엘로이즈, 첫 번째 편지〉

그리스도 다음으로 그녀의 유일한 이에게,

그리스도 안에서 그의 유일한 이로부터. 〈엘로이즈, 두 번째 편지〉

총체적으로 그녀의 것인 그에게,

개별적으로 그의 것인 그녀로부터. 〈엘로이즈, 세 번째 편지〉

이러한 표현 방식은 자신들의 밀접한 관계를 강조함으로써 아벨라르에게 조금이라도 더 가까이 다가가려는 엘로이즈의 마음을 여실히 드러내고 있다. 하지만 아벨라르는 엘로이즈와 사적인 관계는 모두 끝났음을 여러 차례 강조한다.

> 그리스도 안에서 가장 사랑하는 그의 자매인 엘로이즈에게,
> 그리스도 안에서 그녀의 형제인 아벨라르로부터. 〈아벨라르, 첫 번째 편지〉

엘로이즈에게 보내는 두 번째 편지의 시작 부분과 끝 부분에서, 아벨라르는 엘로이즈가 수녀가 되었다는 것이 사실상 그녀가 그리스도의 신부가 되었음을 의미한다고 말한다. 이처럼 그는 자신과 그녀의 신분이 완전히 다르다고 반복해서 강조하면서 다시 한 번 그녀와의 거리를 둔다.

> 그리스도의 신부에게,
> 그의 종으로부터. 〈아벨라르, 두 번째 편지〉
> 그리스도의 신부여,
> 그리스도 안에서 잘 계시오.
> 그리스도 안에서 잘 지내시고,
> 그리스도 안에서 잘 사시오. 〈아벨라르, 두 번째 편지〉

다른 편지들 속에서도 아벨라르는 여전히 그녀와의 거리를 유지한다.

한때 세상 안에서 내게 소중했고,

지금은 그리스도 안에서 내게 가장 소중한,

나의 자매 엘로이즈여. 〈아벨라르, 첫 번째 편지〉와 〈신앙고백록〉

지금까지 보았듯이, 아벨라르는 신앙 속에서의 관계를 강조하는 반면에, 엘로이즈는 그보다 좀 더 사적인 관계를 요구한다. 엘로이즈가 그리스도의 신부임을 여러 차례 강조한다는 점을 제외하고는 아벨라르가 왜 엘로이즈의 요청을 그토록 강력하게 거부하는지는 알려진 바가 없고, 사실상 상식적으로도 그의 태도를 이해하기 어렵다. 그들은 과거의 연인이자 부부였을 뿐만 아니라 아스트랄라베라는 아들의 부모였으며, 그들에게 상처는 있었지만 그들이 서로 미워해서 헤어진 것도 아니었다. 더구나 엘로이즈는 단지 좀 더 자주 소식을 주고받고 싶다고 요청할 뿐이지, 연인 시절에 그랬듯 강렬한 성적 욕구를 해소하려는 육체적인 관계를 요청하지도 않았다. 그럼에도 불구하고 우리가 가진 자료에 의하면, 아벨라르는 신앙의 영역을 벗어난 어떤 사적인 관계도 맺기를 거부했고, 그런 그의 태도는 변함없이 유지되었다. 하지만 그럼에도 아벨라르는 엘로이즈가 소망했던 것처럼 그녀와 좀 더 자주 교류했던 것으로 보인다. 그것은 아마도 엘로이즈가 대수녀원장으로 있던 파라클레트 수녀원이 원래 아벨라르 자신이 처음 예배당으로 설립했던 장소였고, 그만큼 많은 정성과 애정을 기울였던 장소였기 때문일 것이다. 더구나 아벨라르는 그녀에게 보내는 첫 번째 편지에서 자기가 죽게 되면 파라클레트에 무덤을 만들어달라고 요청했던 적이 있고, 나중에 그가 세상을 떠나자 엘로이즈는 그의 시신을 수습해서 그의 뜻대로 파라클레트에 안 장했다. 그리고 엘로이즈의 뜻에 따라 그녀가 세상을 떠난 뒤에 그녀의 시신을 아벨라르와 합장했고, 다섯 차례의 이장을 거친 뒤에 그들은 마 침내 페르 라셰즈 공동묘지에 함께 묻혔다.

▪아벨라르의 철학적 견해와 두 번의 공의회

엘로이즈가 단순히 아벨라르라는 스승의 가르침을 듣기만 했던 학생이 아니라 자신만의 철학적 견해를 갖추었던 탁월한 여성이었다고도 알려 져 있지만, 그 말의 옳고 그름을 판단할 만한 직접적인 자료를 찾기는 어 렵다. 따라서 여기에서는 아벨라르의 철학적 견해만을 간략히 살펴보자.

엘로이즈에게 보내는 〈신앙고백록〉에서 아벨라르는 자신이 논리학을 선호하고 철학을 신봉하지만, 그럼에도 그것들이 신앙에 위배된다면 결 코 원하지 않으리라고 말한다.

> 논리학은 세상으로 하여금 나를 미워하게 만들었소. …… 만약 철학자가 된다는 것이 사도 바울과 다투는 것을 의미한다면 나는 철학자가 되기를 원하지 않으며, 또한 아리스토텔레스주의자가 된다는 것이 나를 그리스 도에게서 단절시키는 것이라면 나는 아리스토텔레스주의자가 되지 않을 것이오. 〈신앙고백록〉

아벨라르가 수도사였을 때는 수도원의 부패를 지적했기 때문에 수도원장과 충돌했고, 수도원장이었을 때는 수도사들의 타락을 지적했기 때문에 그들과 충돌했다. 또한 그는 그의 스승들인 로스켈리누스, 윌리엄, 그리고 (윌리엄의 스승인) 안셀무스와 철학적 견해 차이로 논쟁을 벌였다. 결과적으로 그는 의도하지는 않았더라도 수없이 많은 갈등과 대립의 세월을 살아야 했다. 하지만 한평생 논리학의 위력을 믿고 논리학을 무기로 삼아 무수히 많은 적과 싸워왔던 아벨라르에게서 "철학자가 된다는 것이 신앙에 위배된다면, 철학을 포기하겠다"는 식의 이야기를 듣는다는 것은 다소 놀랍다. 하지만 그는 그런 이야기를 하면서도 여전히 성서에 대한 논리적 해석을 시도하고, 논리학을 토대로 여전히 많은 적과 싸우고 있었다. 위 인용문에서 그는 다만 그런 시도와 싸움이 궁극적으로 성서에 대한 올바른 이해를 위한 것이지, 성서를 왜곡하거나 교회를 전복하려는 뜻이 아니라는 자신의 의지를 분명히 밝힐 필요성을 느꼈을 것이다.

아벨라르는 논리학에 기초하여 신학적 문제에 관한 자신만의 해석을 제시하기도 했다. 이런 지속적인 논쟁과 논리적 태도를 고수한 결과 그는 두 차례에 걸쳐 공의회에 회부되었다. 공의회란 가톨릭의 교리나 의식에 대한 해석상의 문제가 제기될 때, 주교나 교회의 대표자들이 모여 그 문제를 심의하고 결정하는 회의를 가리킨다. 아벨라르는 〈신의 단일성과 삼위일체에 관하여〉라는 신학 논문에서 제시했던 삼위일체에 대한 해석이 문제되어 1121년에 수아송에서 열린 공의회에 회부되었다. 그

후 삼위일체에 관한 그의 해석이 다시 한 번 빌미가 되었고, 그에 덧붙여 죄와 구원에 대한 그의 견해도 문제가 되어 1140년에 상스에서 열린 공의회에 다시 회부되었다. 수아송 공의회는 아벨라르의 책에서 혐의를 찾지 못했기 때문에 그에게 직접적인 어떤 위해를 가하지는 않았지만, 그럼에도 그의 논문을 불태우라는 판결을 내렸다. 물론 그는 그 판결에 따라 책을 태울 수밖에 없었다. 한편 상스 공의회에서는 결정적 증거를 제시하지 못하면서도 아벨라르를 단죄했고, 더 나아가 고발자들은 그를 다시 로마 교황청에 직접 고발함으로써 결국 그의 책들을 불태울 뿐만 아니라 그의 강의와 여행을 금지하는 명령을 받아냈다.

이 글에서는 아벨라르의 철학적 견해 가운데 중세 철학에서 특히 많은 논쟁을 낳았던 삼위일체 문제와 보편자의 문제, 그리고 아벨라르와 엘로이즈가 모두 동의했던 것으로 보이는 의도와 행위의 관계를 다루는 의도주의를 고찰한다(제임스 버지, 2006, 459~462쪽 참조). 먼저 삼위일체의 문제는 성부, 성자, 성령이라는 세 가지 서로 다른 위격이 어떻게 하나의 동일한 신이라고 말해질 수 있는가에 대한 문제다. 삼위일체 문제는 아벨라르의 첫 번째 스승이었던 로스켈리누스와의 사이에서 처음 논쟁을 벌였다고 알려져 있지만 자세한 내용은 알 수 없다(그는 자신의 삶에 대해 거의 모든 얘기를 하는 〈자서전〉에서도 로스켈리누스 밑에서 공부했던 경험이나 학업 내용을 전혀 언급하지 않는다). 아벨라르가 그 문제를 다시 다룬 것은 그가 생드니 수도원에서 쫓겨나 파리에서 멀리 떨어진 작은 수도원에서 학생들을 가르치고 있을 때였다. 〈자서전〉에 따르면, "인

간적이고 논리적인 이성을 갈구하면서 단순히 말뿐인 강의 이상을 요구
했던 학생들을 위해," 아벨라르는 〈신의 단일성과 삼위일체에 관하여〉
라는 신학 논문을 집필했다.

삼위일체의 핵심 문제는 삼위, 즉 세 위격이 서로 다른 성질을 지닌
세 인격이라고 말해짐에도 불구하고 그(것)들을 하나라고 말해야 한다
는 것이다. 다시 한 번 강조하자면, 세 위격은 유일신이 지닌 세 가지 서
로 다른 성질이 아니라, 서로 다른 성질들을 지닌 세 가지 서로 다른 인
격이라고 말해진다는 것이다. 기독교는 하나의 신만을 인정하는 유일신
교이므로, 만약 세 위격이 서로 다른 세 실체라면 그것은 유일신교가 아
니라 삼신교가 될 터이고, 그러면 기독교의 뿌리를 뒤흔드는 결과가 된
다. 그러나 기독교 이론에 따르면, 삼위가 서로 다른 실체가 아니라 단
지 세 가지 성질에 불과하다고 말할 수도 없다. 이처럼 삼위일체의 문제
는 하나이면서 셋이고, 셋이면서 하나라는 주장을 어떻게 설득력 있게
설명하느냐에 대한 핵심적이면서도 난해한 문제다. 이처럼 난해한 문
제를 다루는 것부터가 논란거리였고 무엇보다도 신학적 문제에 논리학
을 적용한다는 것도 당시 신학자는 받아들이기 어려웠다. 더구나 그 문
제에 대한 논의를 깊이 있게 고찰하지 않으면, 그것이 유일신의 존재를
입증하는지 또는 세 신의 존재를 입증하는지를 명확하게 파악하기 어렵
다. 결과적으로, 아벨라르는 그 문제의 난점을 지적하고, 유일신을 입증
하기 위해 노력했음에도 불구하고 그의 적대자들은 그가 세 신을 주장
한다고 비난했다(제임스 버지, 2006, 262~273쪽 참조). 하지만 이미 언급

했듯이, 그가 기소됐던 수아송 공의회에서는 그에 대한 아무 혐의점을 찾지 못했으면서도 그의 책을 불태우라는 판결로 그 논란을 종식하려 했다.

삼위일체 문제는 중세 철학에서 가장 논란이 되었던 보편자 문제와 밀접하게 관련되어 있다. '보편자'라는 개념은 플라톤에게서 유래한다. 둘 이상의 개별적 사물에게 공통적인 것을 우리는 보편적이라고 말한다. 여기에서 보편적인 것이란 그 자체로는 독립적으로 존재할 수 없고 다른 것에 의존해서만 존재하는 검정색, 흰색, 아름다움 등의 속성을 말한다. 예를 들어, A와 B가 검정이라는 색깔을 공유한다면 검정이 보편적인 것이며, A와 B가 모두 사람이라면 사람이 보편적인 것이다. 그런 것들은 우리가 생각 속에서 떠올리는 추상개념이며, 오늘날 그것들은 보편개념으로 이해된다. 하지만 플라톤에게 보편적인 것들은 우리의 생각 속에만 존재하는 개념이나 그 자체로서 존재할 수 없는 속성이 아니라 이상 세계라는 세계에서 실제 독립적으로 존재할 수 있는 실재자를 의미한다. 우리는 플라톤적 의미에서의 보편적인 것들이 단순한 추상개념이 아니라 실제로 존재하는 것을 가리킨다는 점에서 그것들을 보편자라고 부른다.

여기에서 보편자 문제는 삼위일체 문제와 결부된다. A와 B가 하나의 동일한 것이라면, A가 갖는 모든 속성을 B도 가지며, 또한 A나 B는 상대가 갖지 않는 어떤 속성도 갖고 있지 않아야 한다. 하지만 성부와 성자와 성령이라는 세 위격이 모두 동일한 속성을 갖는다면, 이 세 가지

를 각자 다른 이름으로 부르는 것은 완전히 무의미할 터이며, 반면 그
것들이 서로 다른 속성을 갖는다면 그것들은 결코 하나의 동일한 신일
수 없다는 심각한 문제가 제기된다. 이런 맥락에서 볼 때, 성부와 성자
와 성령이라는 세 위격이 하나의 동일한 신을 가리킨다고 말할 수 있
으려면, 세 위격의 공통 속성을 갖는 보편자가 실제로 존재한다고 말해
야 한다. 이처럼 보편자의 독립적인 존재성 또는 실재성을 인정하는 이
론을 '실재론'이라 부른다. 이러한 실재론은 윌리엄이 지지했던 이론으
로서(F. 코플스턴, 1988, 205쪽. F. 코플스턴, 1988, 196~199쪽; 제임스 버지,
2006, 131~133쪽 참조), 이것은 유일신의 존재성을 강조하는 반면, 세 위
격의 실질적 존재와 의미를 부정하는 결과를 낳는다. 반면에 그런 공통
속성을 단지 추상개념에 불과한 것으로 취급함으로써 보편자의 독립적
인 존재성을 부정하는 이론을 '유명론'이라고 부른다. 로스켈리누스의
경우는 유명론을 지지했다고 알려져 있는데, 그것은 유일신의 존재성을
부정하는 반면, 세 위격의 실체성을 인정함으로써 어쩔 수 없이 세 신
을 인정할 수밖에 없게 된다. 한편, 아벨라르는 아리스토텔레스가 그랬
듯이 보편개념이 완전히 실체성을 결여하지도 않고, 개별자로부터 독립
적으로 존재할 수 있는 실체도 아니라고 주장한다. "아벨라르는 보편개
념이 실제로 존재한다는 실재론을 거부하며, 또한 위에서 보았듯이 보
편개념이 단지 임의적으로 또는 편의를 위해 붙여진 이름에 불과하다는
로스켈리누스의 유명론도 거부한다. 오히려, 그는 보편개념이란 실제로
존재하는 것이 아니라 우리의 정신 속에 개념으로서 있으며, 또한 그 개

념이 지칭하는 어떤 것(또는 우리로 하여금 보편개념을 만들게 하는 어떤 유사성)을 개별자들에게서 찾을 수 있다는 제3의 견해를 취한다. 다시 말해서, 개별자들 속에 들어 있는 어떤 것을 추상함으로써 우리의 정신 속에 개념을 갖게 된다는 것이다"(제임스 버지, 2006, 461쪽; F. 코플스턴, 1988, 203~207쪽 참조).

상스 공의회에서 다루어졌던 문제 가운데 다른 하나는 죄와 구원에 대한 아벨라르의 견해에 대한 것이었다.

> 아벨라르는 행위를 수행함에 있어서 개인의 의도나 이성적인 동의를 중시한다. 그는 의도가 개입되지 않은 행위에 대해 도덕적인 판단을 해서는 안 된다고 말한다. 비록 표면적으로 또는 결과적으로 나타난 행위가 잘못되었다고 해도, 행위자가 행위 이전에 그것을 의도하거나 이성적으로 동의하지 않았다면 그의 행위를 나쁜 행위라고 말할 수 없다는 것이다. 아벨라르의 이러한 신념은 그리스도를 십자가에 매달아 죽게 만든 사람들이라 하더라도 그들이 의도적으로 한 행위가 아니라면 그들의 잘못을 탓할 수 없다는 주장을 하게 만든다. 자신의 거세 사건과 관련해서도, 그는 만약 엘로이즈의 삼촌인 퓔베르가 의도적으로 그를 거세한 것이 아니라면 그의 행위를 비난할 수 없다고 말한다. 제임스 버지, 2006, 461쪽

이것은 도덕적 판단에 있어서 행위가 가져오는 결과보다 행위가 시작된 동기를 중시했던 독일 철학자 칸트Immanuel Kant, 1724~1804의 견해와 비

숫하다. 아벨라르는 말과 의도를 구분하고, 말은 왜곡되고 변주되어 세상을 기만할 수도 있지만, 의도는 결코 왜곡될 수 없는 진리를 전달한다고 생각했다(제임스 버지, 2006, 176~177쪽). 아벨라르의 의도주의는 자신이 젊은 시절에 교회 식당이나 사람의 눈이 닿지 않는 곳이면 어디서든지 엘로이즈와 사랑을 나누었던 행위가 종교를 모독하려는 의도에서 비롯된 것이 아니라고 자신의 입장을 변호할 수도 있었을 것이다. 그가 자신을 거세한 퓔베르에게도 그 견해를 확장하여 적용하고, 더 나아가 그리스도를 살해한 이교도에게까지 동일한 견해를 적용하는 것은 상당히 일관된 태도였다. 하지만 교회 입장에서 보면, 그리스도를 목매달아 죽인 일조차도 자발적 동기나 의도에 의한 것이 아니라면 죄가 아니라는 주장은, 그것이 아무리 일관적이고 타당한 논증이라 해도 결코 받아들일 수 없는 주장이었기에 이런 아벨라르의 견해가 그를 공의회에 회부할 만한 빌미가 되었다.

엘로이즈도 첫 번째 편지에서 자신이 어떤 면에서는 많은 죄를 저지르긴 했지만 "죄는 행위 자체에 있는 것이 아니라 행위자의 의도에 있으며, 정의는 행위가 아니라 마음속에 있는 것을 측정하는 것이므로" 자신은 죄가 없다고 말함으로써 의도의 중요성을 강조한다. 이러한 엘로이즈의 주장은 수녀가 되고 수녀원장이 되면서까지 육체적 쾌락에 깊이 빠져 있던 젊은 시절이나 그 시절의 기억을 떠올리는 것이 하느님을 모독하기 위한 의도에서 그랬던 것이 아니라, 단지 아벨라르의 명령을 따른 것이었기 때문에 그것은 하느님에 대한 죄로 간주될 수 없다는 주장으로 볼 수 있다. 그러나 그녀의 이러한 철학적 견해는 어떤 일관적인 견해나 이론을 만들기 위한 것이 아니라, 다만 연인이자 남편인 아벨라르와의 지속적인 교류를 위한 것이었다.

▪에필로그

아벨라르와 엘로이즈의 연인 관계와 그들의 삶에 대한 우선적 자료는 아벨라르가 이름 모를 수도사에게 보냈던 자서전적 편지였다. 그 후로 몇 통의 추가적 편지가 발견되면서 우리는 그들이 공유했거나 달리했던 생각을 더 알 수 있었다. 아벨라르와 엘로이즈에게 사랑은 삶의 일부가 아니라 삶 그 자체였다. 그렇지만 엘로이즈의 사랑이 처음부터 끝까지 연인인 아벨라르에 대한 사랑을 의미했던 반면, 아벨라르의 사랑은 철학에 대한 사랑에서 여인에 대한 사랑으로, 그리고 다시 신에 대한 사랑으로 이어졌다. 엘로이즈는 헤어진 지 15년 만에 접했던 아벨라르의 무심함에 처음에는 안타까움을 느꼈지만, 시간이 흐르면서 아벨라르는 엘로이즈와 더불어 찬송가, 설교문, 철학적인 대화 등을 지속했다. 그러한 과정에서 그들의 사랑은 세속적인 사랑을 넘어서 신성한 사랑으로 이어졌다고 말할 수도 있다.

아벨라르의 평생은 많은 불행한 사건의 연속이었고, 그 자신의 말처럼 그 가운데 많은 부분은 논리학이나 논리적 사고에서 생겼다. 신학적 문제에 대한 논리적 접근 자체가 당시에는 드문 일이었고, 더구나 그것을 그처럼 탁월하게 수행했던 일은 더욱 드물었다. 논리학으로 많은 문제를 일으켰지만 그럼에도 탁월한 학문적 업적을 남겼다는 점에서, 그의 삶은 아마도 "상처뿐인 영광"이라기보다는 "상처로 가득한 영광"이라고 표현될 수 있을 것이다. 신앙(믿음)의 문제를 이성적으로 다루는 방법이 인정되지 않던 시기에, 신앙에 의존하여 진리를 탐구하던 세상을 이성에 의존하여 진리를 탐구하는 세상으로 바꾸려는 지속적인 시도를 했다는 점에서, 그는 진정한 의미에서의 논쟁자이자 진리의 탐구자였다.

참고 문헌

- 아벨라르 · 엘로이즈, 《아벨라르와 엘로이즈》, 정봉구 옮김, 을유문화사, 1999.
- 에버하르트 호르스트, 《중세 최대의 연애사건》, 모명숙 옮김, 생각의나무, 2005.
- 제임스 버지, 《내 사랑의 역사: 엘로이즈와 아벨라르》, 유원기 옮김, 북폴리오, 2006.
- F. 코플스턴, 《중세철학사》, 박영도 옮김, 서광사, 1998.
- Clanchy, M. T. *Abelard: A Medieval Life*. Blackwell, 1997.
- Gilson, Etienne *Heloise and Abelard*. The University of Michigan Press, 1960.
- Mews, C. J. *The Lost Love Letters of Heloise and Abelard*. New York and Hampshire: Palgrave, 1999.
- Levitan, W. (tr.) *Abelard & Heloise: The Letters and Other Writings*. Hackett Publishing Company, 2007.
- Moore, G. *Heloise and Abelard*. Vol. 1, New York: Boni and Liveright, 1921.

셸 링 & 카 롤 리 네

"

카롤리네의 아름다운 외모와 깊은 정신 속에서
자연과 정신의 일치를 바라보며 동일성 철학을
기획한 셸링은 카롤리네와의 사랑을 더욱 키워
나가면서 아우구스테의 죽음에 대한 자책으로
부터 점차 벗어나기 시작한다. 이와 함께 카롤
리네도 셸링과의 사랑이 깊어감에 따라 더 이
상 빌헬름 슐레겔과 우정에 근거한 결혼 생활
을 이어갈 수 없다고 생각한다. 그녀는 1803년
3월 괴테의 도움으로 슐레겔과 이혼하고 셸링
과 결혼한다. 자신보다 열두 살이나 어린 남자
와 결혼한 카롤리네는 이미 주위의 차가운 시
선에 익숙해졌지만 딸을 죽이고 딸의 약혼녀와
결혼한 악녀라는 소문은 견디기 힘들어한다.
마침 이때 뷔르츠부르크 대학교가 셸링을 교수
로 초빙하자 그녀는 예나를 떠나 셸링과 함께
뷔르츠부르크로 가게 된다.

"

chapter 05

Schelling & Caroline

관념론 시대의
숨겨진 **천재**
셸링의
사랑과 철학

이광모

글쓴이 **이광모**

—

성균관대학교 철학과를 졸업하고 독일 관념론과 헤
겔 철학으로 독일 빌레펠트 대학교에서 박사학위를
받았다. 주요 논문으로는 〈악에 관한 형이상학적 고
찰〉과 〈자연의 원리로서의 생명〉, 〈이성의 자기비판
과 그 한계〉 등이 있으며, 《헤겔 철학과 학문의 본질》,
《토론과 논증》(공저), 《논증과 글쓰기》(공저), 《세계정
신의 오디세이》, 《세계 존재의 이해》(공저) 등의 저서
가 있다. 현재 숙명여자대학교 리더십교양학부 교수
로 재직하고 있다.

—

·독일 관념론 시대의 숨겨진 천재, 셸링

1781년 칸트의 《순수 이성 비판》이 출간되고 난 후 1831년 헤겔이 죽
기까지 근 50년의 기간을 철학사에서는 '독일 관념론' 시대라고 부
른다. 이 시기를 대표하는 세 명의 철학자는 피히테Johann Gottlieb Fichte,
1762~1814, 셸링Friedrich Wilhelm Joseph von Schelling, 1775~1854, 헤겔Georg Wilhelm
Friedrich Hegel, 1770~1831이다. 이 가운데 가장 독창적이며 천재적 재질을 보
여준 철학자는 누구일까? 일반적으로 철학사는 독일 관념론을 피히테
에서 시작하여 셸링을 매개로 헤겔에서 완성된 철학 사상으로 가르친
다. 그렇다면 가장 독창적이고 천재적인 철학자는 아마도 피히테나 헤
겔일 것이다. 피히테와 헤겔은 독일 관념론의 문제가 무엇인지를 정형
화하고 전개한 사람이기 때문에 독창적이며, 헤겔은 그 문제를 체계화
하고 완성한 천재이기 때문이다. 하지만 나는 이 물음에 다른 답을 하려
한다. 가장 독창적이고 천재적인 철학자는 피히테도 헤겔도 아닌, 오히

려 셸링이다. 그렇다. 셸링이야말로 독창성과 천재성뿐 아니라 열정과 진지함을 지닌 철학자였다.

크지 않은 키에 다부진 얼굴을 한 셸링은 서양 철학사에서 볼 때 매우 독특한 위치에 있다. 그는 독일 관념론을 형성시키고 발전시킨 세 명의 철학자 가운데 한 사람으로서 자연철학 및 미학에 이르기까지 지대한 영향을 미친 인물이다. 뿐만 아니라 독일 관념론을 철저하게 비판하고 관념론의 붕괴와 함께 시작된 실존주의와 유물론에 기초를 제공한 사람인 동시에 쇼펜하우어와 니체를 통해 대변되는 '의지의 철학'(의지 문제를 다양한 관점과 방법으로 고찰한 철학)의 시원이 되는 철학자이기도 하다. 이와 같이 전혀 상반되는 특성들이 그의 철학에 들어 있기 때문에 철학사가들은 셸링의 철학에는 일관된 문제의식이 없다거나 셸링은 하나의 일관된 문제를 탐구하지 않고 그때그때 즉흥적으로 관심사를 옮겨 갔다고도 한다. 하지만 이러한 평가는 모두 잘못됐다. 셸링은 10대 후반 자신의 저술을 집필하기 시작할 때부터 일흔이 넘어 노년에 베를린 대학교에서 마지막 강의를 할 때까지 일관되게 인간 존재와 세계의 근원이 무엇인지 계속 탐구했기 때문이다. 그는 단 한순간도 이 탐구에서 벗어나본 적이 없다.

· 나는 지금 철학 속에 살고 있으며 그 속에서 움직이고 있다

셸링의 사랑과 그즈음에 전개된 그의 철학 세계를 들여다보자면, 그가 학문을 시작하게 된 배경부터 살펴볼 필요가 있다. 그가 신학과 결별하게 된 원인, 그로써 새로운 학문의 장에 들어서고, 바로 그 장에서 운명의 연인 카롤리네를 만났기 때문이다. 그러니 대체 그의 사랑 이야기는 언제 나오는 거지, 하는 의문은 잠시 접어두고 셸링이 학문을 시작할 즈음부터 천천히 살펴보자.

셸링은 남서 독일의 뷔르템베르크 공국의 작은 마을인 레온베르크에서 1775년에 태어났다. 루터 교회 목사인 그의 아버지는 튀빙겐 근처 바벤하우젠에 있는 신학교의 동양어 교수였기 때문에 셸링은 어려서부터 학문을 접할 기회가 많았다. 이미 8세 때 독일 학교에서 고전어를 배웠을 뿐 아니라 10세 때 라틴어 학교에 입학하여 고전 세미나에 참석했다. 당시 법에 따르자면, 18세가 되어야 대학교에 입학할 수 있었지만 셸링은 워낙 영리하고 뛰어났기에 만 16세가 되기 세 달 전 튀빙겐 대학교로부터 입학 허가를 받는다. 1790년 10월의 일이다.

튀빙겐 신학교는 장차 국가, 교회, 뷔르템베르크 공국을 위해 일할 신학자나 고등학교 교사를 기르기 위해 성립된 교육 기관이었다. 교과 과정으로는 2년의 철학 과정과 3년의 신학 과정을 마친 후 논문을 쓰고 졸업하는 형태를 취하고 있었다. 이 대학교는 200명에서 300명 정도의 학생으로 구성되어 있었고, 모든 학생은 의무적으로 기숙사 생활을 해야 했으므로 셸링도 기숙사에 들어갔다. 이때 그와 한 방을 사용하게 되는 동료의 면면이 흥미롭다. 횔덜린Johann Christian Friedrich Hölderlin, 1770~ 1843과 헤겔이 그들이다. 고대 그리스를 동경하여 낭만적·종교적 이상주의를 꿈꾸던 횔덜린은 비록 젊은 나이에 정신 이상으로 자신의 사상을 충분히 펼치지는 못했지만 그가 남긴 시와 소설은 낭만주의의 시발점에 영향을 주었다. 뿐만 아니라 하이데거Martin Heidegger, 1889~1976가 말하듯이 횔덜린은 가장 독일적인 시인으로서 인간과 대지와 신에 대한 깊은 통찰을 보여준 인물이다. 헤겔은 또 어떠한가. 그는 독일 관념론을 완성한 인물이다. 이 둘은 셸링보다 다섯 살 연상이었으므로 셸링이 이들에게 영향을 받은 것은 아주 자연스럽다. 그러나 점차 그도 친구들에게 정신적 자극을 주며 우정을 쌓아간다. 1793년 가을 횔덜린과 헤겔은 튀빙겐 신학교를 먼저 떠난 뒤에도 셸링과 계속 편지를 주고받으며 우정을 유지한다. 특히 셸링과 헤겔이 나누었던 편지 교환은 셸링의 초기 사상을 형성하는 데 큰 영향을 주었다.

당시 튀빙겐 대학교는 프랑스 혁명에서 시작돼 유럽 전역으로 확산되던 자유 사상에 대항해 마치 전통 가치를 지키려는 최후의 보루와 같았다. 따라서 대학 당국은 학생들에게 '규율', '순종', '질서'라는 거의 수도원에 가까운 질서를 요구하면서 엄격하게 일상생활을 규제했다. 또한 당시 전통적 형이상학에게서 왕관을 빼앗은 칸트의 비판 철학이나, 칸트의 계승자로서 자유 체계를 구성하려는 피히테의 사상은, 거의 금기에 가까울 정도로 접근을 막았다. 하지만 금지할수록 그것에 더 마음을 빼앗기는 것이 인간의 심리 아닌가. 학생들은 칸트의《순수 이성 비판》(1781)이나 피히테의《모든 계시에 대한 비판을 위한 시론》(1792)과 같은 저서를 독서 모임을 통해 읽고 토론했다. 교과 과정과는 전혀 상관없는 공부였다. 이런 과정을 거쳐 사상적으로 성숙해가던 셸링은 2년간의 철학 과정을 마치는 시험을 통과한 후 17세의 나이로는 만들기 어려운 결과물을 세상에 내놓는다. 라틴어로 〈인간악의 근원에 대한 고대 철학의 해명에 대한 비판적이며 철학적인 탐구〉라는 제목의 논문을 작성한 것이다. 당시 이 논문 자체는 그다지 흥미롭거나 관심을 끌지 못했다. 그러나 셸링은 이 논문을 통해 자신이 얼마나 칸트, 레싱Gotthold Ephraim Lessing, 1729~1781, 헤르더Johann Gottfried von Herder, 1744~1803 철학에 정통했는지를 한껏 보여주었다.

2년의 철학 과정을 마친 셸링은 1792~1793년 겨울 학기 교과 과정에 따라 본격적으로 신학을 공부한다. 하지만 그는 곧 신학에 흥미를 잃고 여전히 철학을 열망한다. 그즈음 피히테가 1793년과 1794년 두 번이나 튀빙겐 신학교를 방문하는데, 이것이 셸링에게는 철학에 한 발짝 더 다가가는 기회가 되었다. 피히테의 저서 《지식학의 개념에 관하여》(1974)를 손에 넣어 공부하게 된 것이다. 그 결과 셸링은 피히테를 칸트 철학의 완성자로 인식하지만 동시에 여전히 그의 저서 속에도 문제가 있다는 사실을 간파한다. 이 문제는 결국 칸트 철학 자체의 문제였다. 즉 우리 인식이 알 수 있는 영역과 인식으로는 알 수 없지만 실천적 행위를 통해 규정할 수 있는 영역으로 칸트가 구분한 철학의 영역을 하나의 원리로 통합하는 문제였다. 피히테는 자아에서 시작해 이 두 영역을 통일하려 했지만, 셸링이 볼 때 그 시도는 성공적이지 못했다. 셸링에게는 자아를 넘어서는 비아가 어떻게 자아 속으로 환원되지 않으면서도 자아와 통일될 수 있는지 제대로 설명되지 않았기 때문이다. 이에 셸링은 그의 나이 19세에 자신의 첫 번째 철학적 저술인《철학 일반의 한 형식의 가능성에 관하여》(1794)라는 책을 출간한다.

책을 출간한 후 셸링은 피히테에게 자신이 그의 철학에 얼마나 깊이 감명받고 있는지 고백하는 편지와 함께 자신의 책을 보낸다. 책과 편지를 받은 피히테는 셸링의 철학적 재능이 남다르다는 사실을 알아보고 당시 저술하던 주저《전체 지식론의 기초》의 초고를 셸링에게 보낸다. 셸링은 피히테의 이러한 관심에 고무되어 1795년《철학의 원리로서의 자아》를 출간한다. 이런 상황을 셸링은 누군가에게 알리고 싶었으리라. 그는 베른에서 가정 교사로 일하던 헤겔에게 편지를 쓴다.

나는 지금 철학 속에 살고 있으며 그 속에서 움직이고 있습니다. 철학은 아직 끝나지 않았습니다. 칸트가 그 결과가 무엇인지를 제시하였지만 그 전제들은 빠져 있습니다.

셸링은 칸트가 자아를 원리로 이론적 영역과 실천적 영역으로 구분해놓은 철학의 왕국을 통일하는 것, 그것을 자신의 철학 과제로 삼았다. 그리하여 신학 공부를 마친 1795년 늦은 여름, 전통적 기독교와 단절했다. 교회에 복무하기를 포기하고 튀빙겐을 떠난 것이다.

튀빙겐을 떠난 셸링은 1795년 11월 가정 교사 자리를 얻는다. 가르쳐야 할 학생은 슈투트가르트에 사는 귀족의 자녀였다. 당시에 가정 교사는 학위를 받기는 했지만 아직 대학에 자리를 잡지 못한 신진 학자가 선택할 수 있는 일반적 직업이었다. 충실히 가정 교사 역할을 하던 셸링은 1796년 자신이 가르치던 학생을 라이프치히 대학교에 입학시키기 위해 라이프치히로 이주하고 그곳에서 1798년까지 거주한다. 라이프치히에서는 수학, 의학은 물론 당시로서는 최근 이론인 물리학과 화학에 대한 자연과학적 이론이 활발하게 논의되고 있었다. 따라서 셸링도 이러한 이론을 매우 빠르게 습득하고 정리했다. 동시에 자아를 원리로 세계와 정신을 설명하려던 이제까지의 시도를 자연철학적 기초 위에 새롭게 정리하기로 결심한다. 이렇게 새로운 정리를 통해 자연과 정신을 통일하는 철학적 이념을 제시함으로써 데카르트^{René Descartes, 1596~1650} 이래 분리되었던 자연과 정신의 이원론을 극복해야겠다는 생각에 이르게 된다.

이때 셸링이 특별히 관심을 둔 것은 18세기 후반 자연과학의 성과물이었던 전기와 자기학을 생리학에 접목한 연구 성과였다. 그는 이 성과를 검토하면서 새로운 주장을 하는데, 무기물과 유기물을 포함한 모든 자연은 결국 하나라는 것이 그것이다. 그는 자신의 이러한 주장의 근거로서 이탈리아 생리학자 갈바니^{Luigi Galvani, 1737~1798}가 진행한 실험을 제시한다. 개구리 뒷다리 신경과 근육 끝에 금속판을 연결함으로써 개구리로 하여금 경련을 일으키게 하는 실험을 통해 도출된 동물전기학이 갈바니의 실험이었다. 이와 같은 주장과 함께 셸링은 당시 의사였던 존 브라운^{John Brown, 1800~1859}이 발표한 자극 이론에도 지대한 관심을 보인다. 존 브라운은 모든 생명이란 자극과 반응 속에서 나타나는 상태이며,

질병이란 그 자극과 반응 사이에서 나타나는 관계의 부조화이지 그 밖의 다른 것이 아니라고 주장했다. 셸링은 이에 큰 지지를 보낸다. 뿐만 아니라 브라운의 생각에 동조하는 많은 의사나 생물학자를 만난다. 그 가운데 특히 뢰시라우프J. A. Röschlaub와는 오랫동안 친분을 쌓았다. 또한 생물학자인 킬 마이어Kiel Meyer가 슈투트가르트 왕립학교에서 '유기적 힘들의 관계에 관하여'라는 주제로 강연했을 때는 강연에 참석하여 열렬한 지지를 보내기도 했다. 셸링의 주장은 그 강연의 핵심과 동일했다. 모든 생명 과정은 감각, 운동, 자기 보존이란 세 가지 기능이 결합하여 나타나는 현상이다. 그러므로 무기물로부터 유기물을 거쳐 정신에 이르기까지 모든 존재는 비연속적으로 이루어지는 것이 아니라 이 세 가지 기능이 결합하여 전개되면서 그때그때 다르게 나타나는 모습일 뿐이다. 이러한 이유로 전체로서의 자연은 근원적으로 하나라고 주장하게 된다.

·인간은 이미 자연의 일부다

자연과학적 이론을 탐구한 셸링은 1797년《최근의 철학적 문헌들에 대한 개관》에 이어,《자연철학의 이념》이라는 자연에 관한 첫 번째 철학적 연구를 발표한다. 그는 이 저서에서 인간은 자연을 반성적으로 성찰하고 탐구하기 이전에 이미 자연의 일부이기 때문에 자연에 대한 탐구는 궁극적으로 인간이 자연과 하나가 되는 방향으로 전개되어야 한다고 주장한다. 이러한 주장은 그때까지 이어오던 데카르트적 자연 이해를 비판한 것이었다. 데카르트는 자연과 인간을 서로 다른 실체로 구분하고, 자연은 단지 기계와 같기 때문에 사유 실체로서의 인간은 자연을 조종할 수 있다고 주장했기 때문이다.

사실 서양 철학의 출발점에 있던 그리스인은 자연을 기계로 생각하지 않았다. 그들에게 자연은 질서 있게 운동하는 물체였다. 이때 운동은 생명이나 영혼에서 나오기 때문에 그들은 운동을 가능케 하는 것으로서 생명을 자연의 원리로 상정했다. 그리고 자연 세계가 질서 있게, 규칙적으로 끊임없이 운동하는 이유는 그 자체가 살아 있는 동시에 지성적 존재이기 때문이라고 생각했다. 자연 세계는 스스로의 영혼이나 생명을 가진 거대한 동물이자, 고유의 정신을 가진 이성적 동물로 이해됐다.

하지만 르네상스를 거쳐 16, 17세기에 들어오면서 자연은 더 이상 유기체가 아닌 기계로 이해되었다. 자연은 문자 그대로의 의미에서 기계이며 그 외부에 존재하는 지성적 정신에 의해 배열됨으로써 어떤 특정한 목적을 지향하도록 설계된 부품에 불과하다는 것이다. 바로 데카르트가 이런 생각을 가장 잘 대변한 학자였다. 데카르트에 따르면 자연은 연장 실체이고 영혼은 사유 실체다. 그렇기 때문에 둘은 결코 통일될 수 없다. 기계가 움직이기 위해서는 사람이 조종해야 하듯 자연의 질서의 근원은 영혼에서 주어져야 한다. 이때 데카르트의 이해를 이어받아 자연의 질서를 부여하는 것이 초월적 이성이 아니라 인간의 내재적 이성이라고 주장한 사람이 칸트다. 칸트에 따르면 자연의 질서를 만드는 주체란 인간적 지성이다. 그렇기 때문에 칸트에게 자연은 인간 지성에 의해 부과된 법칙의 총괄이다.

　문제는 이렇다. 이러한 태도는 모두 자연을 인간의 목적을 위한 수단으로 간주한다는 점이다. 이렇게 자연을 수단으로만 생각할 때 자연은 무자비하게 파괴될 뿐 아니라 인간도 파괴된다. 바로 이 지점에서 셸링의 남다른 점을 엿볼 수 있다. 그는 자연과 인간의 동질성을 주장함으로써 자연의 가치를 재정립하고 인간의 자연성 혹은 본성을 회복시키려고 노력한 것이다.

　셸링의 '자연철학'은 인간과 자연을 서로 대립되는 것으로 구분하는 이원론적 이해를 비판하면서 출발한다. 그에게 자연은 전체로서 유기적 생명이기 때문에 인간과 자연은 분리되지 않고 오히려 자연의 전체적 발전 과정에서 인간이 나타난다. 이때 자연과 정신이 전체로서 유기적 생명이라는 말은 무슨 뜻일까? 각 부분이 그 자체로 유기체일 뿐 아니라 전체로서 하나의 생명을 이룬다는 뜻이다. 따라서 우주 속에 있는 모든 것은 생명을 지니며, 전체로서의 생명은 신적인 것으로서 영혼이 된다. 이러한 관점에서 본다면, 기계 부품처럼 이해되는 고정된 사물이란 하나의 환상에 불과하다. 모든 사물은 근원적인 힘이 제어될 때 나타나는 현상에 불과할 뿐이기 때문이다.

　물론 이와 같은 셸링의 주장은 비판을 받기도 했다. 특히 셸링은 1801년 그가 존경하던 피히테에게 호된 비판을 받는다. 셸링이 자신의 저서 《자연철학의 이념》에서 자아를 원리로 세계를 설명하려는 시도를 포기한 뒤였다. 사실 피히테가 셸링을 비판한 이유는 그가 스스로를 칸트의 후계자로 자처했기 때문이다. 셸링의 자연철학은 칸트의 자연 이해를 비판하는 데서 시작되었기에 칸트 비판은 곧 피히테 비판이기도 했다. 피히테는 칸트가 비판한 독단론적 철학으로 셸링이 후퇴했다고 지적했다.

피히테에 따르면 칸트가 주장하듯 독단론적 철학자는 우리가 알 수 없는 사물 자체까지도 인간의 이성으로 설명하려 한다. 그런데 셸링이 전체로서의 자연은 생명이며 하나의 영혼이라고 주장하는 것은 독단론자의 주장과 같다는 것이다. 셸링은 맞대응한다. 피히테가 관념론을 통해 모든 현실을 인간의 목적을 위한 것으로 환원하려 한다는 것이 그 내용이다. 셸링이 볼 때 피히테의 관념론은 결코 자연적 현실을 파악할 수 없다. 오히려 자연을 인간의 적대자로 만들 뿐이다. 그렇기 때문에 피히테는 몰지성적이며 무생명적 관점으로 자연을 이해하는 철학자일 뿐인데, 문제는 피히테의 관점으로만 보면 자연이 단지 죽은 질료로서 인간의 유용성과 목적을 위한 수단으로 전락하고 착취 대상이 된다는 점이다.

사실 이러한 셸링의 비판은 타당해 보인다. 칸트와 피히테로 이어지는 자연 이해란 수학적 자연과학에 근거해서 자연의 모든 질적 특성을 추상화함으로써 결국 모든 생명의 가치를 손상시킬 수 있는 위험을 안고 있기 때문이다.

신학과의 결별, 운명의 여인과의 끈을 잇다!

1797년 《자연철학의 이념》을 출간한 셸링은 이듬해인 1798년에는 《세계영혼》과 《일반적인 유기체의 해명을 위한 보다 높은 물리학의 가설들》을 출간한다. 이 책을 출간하면서 셸링은 괴테^{Johann Wolfgang von Goethe, 1749~1832}로부터 철학자로 인정받게 된다. '세계영혼(우주나 세계를 지배하는 통일적 · 창조적 원리가 되는 정신)이 모든 것에 생명을 불어넣는 근원적 원리'라는 주장은 곧 《색채론》을 통해 자연의 원리를 영혼으로 간주하는 괴테의 생각에 동조하는 것이기 때문이다.

셸링은 이처럼 자신의 자연철학을 책으로 출간하면서 철학자로서 명성을 쌓는다. 그러면서 더욱 기독교 신학에서 멀어지지만 그의 아버지는 튀빙겐 신학부에 아들의 자리를 얻으려고 노력한다. 더 견디지 못한 셸링은 아버지에게 편지를 쓴다. "저는 더 이상 신학을 위해서는 쓸모가 있지 않습니다. 저는 그동안 더 이상 정통파라 불릴 수 없게 되었기 때문입니다". 아버지에게 신학과의 절연을 선언한 것이다.

슈투트가르트에서의 거주는 여러 면에서 셸링에게 아주 의미 있는 시간이었다. 특히 1797년 추운 겨울에는 중요한 인물을 만나는데, 그는 셸링 일생의 결정적 여인을 만나게 되는 동기를 제공하는 낭만주의 사상가 노발리스^{Novalis, 1772~1801}다. 이때 셸링을 만난 노발리스는 그의 친구인 슐레겔에게 다음과 같이 편지를 쓴다.

최근 나는 셸링이라는 자를 알게 되었네. 우리가 그의 저서 《자연철학의 이념》을 마음에 들어 하지 않았던 점들을 그에게 허심탄회하게 말했네. 그는 나의 이야기에 기꺼이 동의하였고 다음번 저술은 좀 더 나을 것이라고 말했네. 우리는 빠르게 친구가 되었을 뿐 아니라 그가 나에게 편지를 주고받자고 제안했는데, 나도 그가 몹시 마음에 든다네. 그의 사유는 무한히 뻗어나갈 듯이 굉장히 깊으면서도 시적 감각을 잃지 않는 듯했네.

이처럼 셸링은 슈투트가르트에서 자연과학자뿐 아니라 낭만주의자와도 활발히 교류했다. 나아가 셸링은 또 다른 결정을 한다. 대학에 자리를 얻고자 1797년 11월 피히테가 교수로 있던 예나로 향한 것이다. 예나에서는 피히테뿐만 아니라 괴테가 그를 교수로 받아들이기 위해 노력하고 있었다. 이때 예나 대학교는 칸트 이후 독일 철학의 중심지로서 낭만주의를 대표하는 실러Johann Christoph Friedrich von Schiller, 1759~1805뿐 아니라 괴테가 명성을 떨치고 있었다. 예나에 도착한 셸링은 1798년 5월 실러의 집에서 괴테를 만난다. 그 만남에서 셸링은 괴테에게 자신이《색채론》에 얼마나 감명받았는지 설명하고 괴테로부터 예나 대학교 학장에게 보내는 추천서를 받는다. 결국 이 추천서 덕분에 셸링은 같은 해 10월 예나 대학교 교수로 임명된다.

예나로 완전히 이주한 셸링은 그곳에서 본격적으로 낭만주의 모임에 참석한다. 실러, 슐레겔 형제, 루트비히 티크, 헨리크 슈테펜스 그리고 그의 인생을 바꾸어놓을 빌헬름 슐레겔August Wilhelm von Schlegel, 1767~1845의 아내 카롤리네Caroline Schelling, 1763~1809 등이 그 모임의 구성원이었다. 셸링은 실러의 주도하에 단테의《신곡》을 이태리어로 읽는 모임에 참여하고, 이곳에서 빌헬름 슐레겔의 아내이며 자신보다 열두 살 연상인 운

셸링의 운명의 여인 카롤리네. 첫 번째 남편 뵈머가 죽고 난 뒤 그녀는 스스로를 '교태스런 젊은 과부'라 고 칭하기도 한다.

명의 여인 카롤리네와 조우한다. 훗날 사랑으로 바뀔 정신적 동지를 발견한 것이다.

•열정적이며 자유로운 여인, 카롤리네!

카롤리네는 1763년 괴팅겐에서 신학자이자 동양학 교수인 요한 다비드 미하엘리스의 딸로 태어났다. 어릴 때부터 총명하고 독립심이 강했던 그녀의 이름은 도로테아 카롤리네 알베르티네 미하엘리스였다. 아버지의 학문적 교류를 어려서부터 보고 자라온 그녀는 자연스럽게 책을 접했을 뿐만 아니라 학자 간의 대화를 듣는 일을 좋아하게 된다. 특히 이때 그녀의 아버지와 괴테가 두터운 친분을 유지하고 있었기 때문에 어려서부터 괴테를 만날 기회가 있었다. 이것이 평생 그녀에게 운명의 사슬이 되어 인생의 전환점마다 영향을 미친다.

카롤리네는 스물한 살이 되던 해인 1784년 6월, 어릴 때부터 소꿉친구이자 의사가 된 요한 프란츠 빌헬름 뵈머와 결혼한다. 결혼 이듬해인 1785년 그녀는 첫째 딸 아우구스테 뵈머를 낳는다. 사실 이 딸의 친부는 뵈머가 아니라 괴테였다. 1784년 8월 10일 카롤리네는 갓 결혼한 남편 뵈머와 함께 몇 주간 여행을 하면서 베르크하우스의 괴테를 방문하고 몇 주간 머물게 되는데, 이때 괴테와 관계를 맺어 임신하게 된 것이다. 물론 카롤리네는 이 사실을 남편에게 말하지 않았기 때문에 뵈머는 아우구스테에게 무한한 사랑을 쏟았고 더 많은 자식을 낳고 싶어 했다. 따라서 카롤리네는 첫째 딸을 낳은 다음 해에 둘째 딸 테레제를 낳는다.

하지만 평범해 보이던 카롤리네의 결혼 생활은 얼마 못 가 끝이 난다. 둘째 딸을 낳은 이듬해인 1788년 그녀의 남편 뵈머가 폐혈증으로 사망했다. 그 와중에 임신한 셋째도 태어난 지 몇 주 만에 사망한다. 남편과 딸을 잃은 카롤리네는 1789년 첫째와 둘째를 데리고 고향을 떠나 마브르크로 이사한다. 하지만 운명의 장난인지 그녀의 둘째 딸도 얼마 지나지 않아 그곳에서 사망한다. 첫째 아우구스테와 단둘이 살게 된 카롤리네는 더 이상 마브르크에 있을 이유가 없다고 생각하고 1792년 친구 테레제 하이네가 있는 마인츠로 이사한다.

마인츠로 이사한 카롤리네는 스스로를 '교태스런 젊은 과부'라고 칭하면서 정신적으로나 육체적으로 자유로운 상황을 만끽한다. 당시 마

카롤리네가 첫 번째 남편 몰래 괴테와의 사이에서 낳은 첫째 딸 아우구스테 뵈머. 이 모녀와 셸링 사이에 삼각관계가 형성되고, 훗날 아우구스테의 죽음으로 셸링과 카롤라네는 위기를 맞는다.

인츠에는 프랑스 혁명 군대가 주둔하고 있었기 때문에 도시 전체에 혁명의 기운이 넘쳐났고, 혁명 그룹이 형성되어 활발한 활동이 전개되고 있었다. 혁명 그룹은 규칙상 여성 회원을 받아들일 수 없었기에 그녀는 '자유와 평등의 친구들 모임'에 정식 회원이 아닌 구성원으로 참여하면서 젊고 패기 넘치는 젊은이와 교제하며 혁명 이념을 꿈꾸었다. 특히 그곳에서 그녀는 친구인 테레제 하이네와 그녀의 남편인 게오르크 포르스터는 물론, 테레제의 정부인 루트비히 페르디난드 후버와도 가깝게 지낸다. 하지만 이 사실을 알게 된 테레제는 자신의 남편인 포르스터의 동의를 얻어 후버와 함께 스위스로 떠난다. 이때 카롤리네가 테레제의 남편인 포르스터와 밀접한 관계를 맺은 것이 원인이라는 소문이 있었다.

프랑스 혁명의 이념인 자유와 평등의 이념이 도시 곳곳에 넘쳐흐르던 마인츠의 분위기 속에서 실제적으로 자유로운 감정을 분출하며 열정을 불태우던 카롤리네는, 독일 연합 군대가 프랑스 혁명 군대를 격퇴하고 마인츠를 다시 접수하자 여덟 살이 된 아우구스테를 데리고 마인츠를 떠나고자 한다. 이때 서른 살인 그녀는 임신 상태였다. 무도회에서 19세의 젊은 프랑스 장교인 장 두보 클랑을 만나 하룻밤 사랑으로 아이를 갖게 된 것이다. 마인츠를 떠나 오펜하임으로 가려던 그녀는 곧바로 프로이센 군대에 의해 혁명 분자로 간주되어 체포된다. 투옥된 그녀는 임신 사실이 탄로 날까 두려워했는데, 만약 그렇게 되면 자결하리라는 마음으로 하루하루를 보내게 된다. 이때 그녀의 소식을 들은 가족과 지인들이 그녀의 구명 운동을 펼친다. 그 사람들 가운데 하나가 바로 두 번째 남편이 된 빌헬름 슐레겔이었다. 카롤리네의 오빠는 프로이센 왕인 프리드리히 빌헬름 2세에게 그녀는 사실 혁명 분자가 아니며 단지 개인적 친분으로 혁명당원을 만났을 뿐이라고 청원한다. 이 청원을 받아들인 빌헬름 2세가 그녀를 석방하도록 명령했기 때문에, 빌헬름 슐레겔이 마련한 보석금을 내고 그녀는 감옥에서 풀려난다.

빌헬름 슐레겔은 그녀를 라이프치히 근처 작은 마을로 데려가 가명을 쓰고 아이를 낳도록 한다. 아이는 사내였기 때문에 이름을 빌헬름 율리우스라고 이름 지은 후 아이의 아빠와 서신 교환을 감행한다. 감행이라고 한 이유는 당시 프랑스 군인과의 교제가 굉장히 위험한 행위였기 때문이다. 젊은 장교인 장 두보 클랑은 편지로 그녀에게 청혼하지만 그녀는 거절하고 아이를 위탁소에 맡긴다. 그러고는 딸 아우구스테를 데리고 고타Gotha로 떠난다. 하지만 위탁소에 맡긴 아이에 대한 미안함과 그리움 속에서 하루하루를 보낸다. 안타깝게도 그녀는 다시는 율리우스를 만날 수 없게 된다. 아이는 2년 후에 병으로 죽기 때문이다. 이러한 가운데 카롤리네는 경박한 여자 혹은 혁명 분자로 낙인찍혀 프로이센 당국의 지속적 감시 대상이 된다.

사회적·경제적으로도 어려운 이때 빌헬름 슐레겔이 고타로 찾아와 카롤리네에게 청혼하자 1796년 7월 1일 그녀는 슐레겔과 결혼한다. 결혼한 2주 후에 그녀는 남편 슐레겔과 함께 괴테의 주선으로 예나로 간다. 예나로 이주한 카롤리네는 점차 안정된 생활을 찾아가면서 그곳의 낭만주의 분위기 속으로 젖어든다. 특히 이때 그녀는 괴테와 친분을 유지하면서 그의 주변에 있는 많은 학자와도 교류를 나눈다. 괴테 연구자에 따르면 괴테의 작품 《젊은 베르테르의 슬픔》의 1차 저자는 카롤리네라고도 한다. 남편 슐레겔과는 사랑보다는 우정으로 결혼한 사이지만, 이 두 번째 결혼과 함께 카롤리네는 안정을 얻으며 다시 부르주아적 시민사회에 편입된다. 슐레겔도 그녀를 사상적 동지로 여겼기에 둘은 서로를 이해하려고 했을 뿐만 아니라 실제로 각자 자유롭게 생활했다. 특히 예나 대학교의 학구적 분위기에서 카롤리네는 남편인 빌헬름 슐레겔과, 그의 형제 프리드리히 슐레겔 등과 함께 낭만주의 모임의 중심을 이룬다. 이때 카롤리네는 빌헬름 슐레겔을 도와 셰익스피어의 작품 《율리우스 카이사르》 《로미오와 줄리엣》 《베니스의 상인》 등을 독일어로 번역한다.

카롤리네가 예나 생활에 적응하고 낭만주의 모임에 활발히 참여하던 1798년, 드디어 셸링이 예나에 도착한다. 셸링은 예나에 도착하자 슈투트가르트에서 친분을 쌓은 노발리스와 루트비히 티크의 친구인 슐레겔의 집을 방문하면서 카롤리네와 만나게 된다. 그는 열두 살 위인 카롤리네에게 어머니 같은 포근함, 연인 같은 그리움을 동시에 느끼면서 슐레겔의 묵인하에 그녀와 정신적 교류를 나눈다.

셸링이 예나에 도착한 지 1년 남짓 되던 1800년 3월 카롤리네는 추운 기후 때문인지 심한 신경성열에 시달리면서 6주간 목숨이 위태로울 정도로 앓는다. 어느 정도 병세가 진정되자 그녀는 아우구스테를 데리고 바트보클레트라는 작은 마을로 휴양을 간다. 마침 이때 셸링은 여름 학기를 쉬고 의학 공부와 자연철학에 관한 강의를 위해 밤베르크에 가기로 결정된 상태였다. 밤베르크는 바트보클레트에서 멀지 않은 곳이었기 때문에 셸링은 카롤리네와 동행하기로 한다. 카롤리네는 딸, 남편, 셸링과 함께 길을 떠난다. 남편이 동행한 이유는 그녀가 아직 당국의 감시를 받는 신분으로서, 남편의 동행 없이는 특정 지역을 통과할 수 없었기 때문이다.

카롤리네와 아우구스테를 인도해서 휴양지에 도착한 셸링은 모녀를 그곳에 두고 쇼를베르크로 아버지를 찾아뵙기 위해 떠난다. 아직 열다섯 살인 아우구스테는 아직 완전히 회복하지 못한 엄마 카롤리네를 혼자 돌보며 지낸다. 이를 마음 쓴 셸링은 아우구스테에게 위로의 편지를 보낸다. 자신보다 열 살 위인 셸링을 오빠이자 연인으로 생각하는 아우구스테는 그 편지에 위로받고 셸링에 대한 감정을 키워간다. 하지만 셸링은 아우구스테보다는 카롤리네에게 더욱 연정을 느끼고 있었다. 물론 카롤리네도 이 같은 그의 감정을 눈치채고 있었지만 자신의 감정을 억제하고 오히려 셸링을 자신의 딸인 아우구스테의 배우자로 생각했다. 카롤리네는 셸링에게 이런 내용의 편지를 보낸다.

> 괴테는 당신을 아버지와 같은 마음으로 사랑하고 저는 당신을 어머니와 같은 마음으로 사랑합니다. 그렇기 때문에 당신은 두 분의 부모를 가지고 있는 것과 다를 바 없습니다.

몇 주 후 카롤리네가 건강을 완전히 회복하자 셸링은 그녀와 아우구스테를 데리고 밤베르크로 가기로 결정한다. 그런데 떠나기 직전 갑자기 아우구스테가 고열에 시달리며 앓기 시작하자 셸링은 여행을 미루고 아우구스테의 병간호에 매달린다. 셸링은 자연철학에 몰두할 때 깊이 감명받은 존 브라운의 이론에 따라 직접 아우구스테를 치료하려고 노력한다. 브라운에 따르면 인간의 질병이란 외부에서 가해지는 자극과 그에 반응하는 육체 사이에서 나타나는 부조화의 결과다. 따라서 이 부조화에 균형을 줄 때 병은 사라진다. 이 생각에 기초해 셸링은 아우구스테에게 아편을 투약한다. 하지만 회복은커녕 병세가 점점 더 심해지다가 결국 일주일 만에 아우구스테는 죽는다.

아우구스테의 갑작스런 죽음은 셸링은 물론 카롤리네 그리고 괴테에게 큰 충격을 주었다. 아우구스테를 잃은 충격에서 헤어나지 못한 채 카롤리네와 셸링이 예나로 돌아왔을 때, 예나에는 이미 아우구스테를 살릴 수 있었음에도 셸링이 처치한 민간요법이 결국 아우구스테를 죽게 했다는 소문이 나돌고 있었다. 이러한 소문 때문에 정신적 고통을 받고 있던 카롤리네와 셸링에게 또 다른 시련이 닥친다. 셸링과 프리드리히 슐레겔 사이에서는 사상적 이견이 생기면서 충돌했고, 카롤리네는 낭만주의 모임에서 가깝게 지내던 친구 도로테아 바이트와 사이가 멀어졌기 때문이다. 결국 이러한 불화 때문에 낭만주의 모임은 해체된다. 이 와중에 셸링은 튀빙겐 대학교 시절의 친구 헤겔을 예나로 불러들이고 그와 함께 공동 작업을 하면서 피히테뿐 아니라 낭만주의자의 종교적 사상에서도 멀어진다.

셸링은 헤겔과 대학 때의 열정으로 다시 학문적 토론을 하면서 1800년 《선험적 관념론의 체계》라는 저서를 출간하고 자아를 원리로 자연과 정신의 동일성을 체계적으로 기술한다. 이 저서는 그 방법과 구성 면에서 독일 관념론 전체를 대표하는 헤겔 저서인 《정신 현상학》(1806)에 지대한 영향을 미친다. 그럼에도 셸링은 책이 출간된 지 채 2년이 지나기도 전에 자신의 철학 체계에 심각한 문제가 있다는 사실을 깨닫는다. 만일 정신과 자연이 하나이며 동일하다면 철학 원리는 자연이나 자아로서의 정신이 아니라 그 둘을 통일하는 것 자체여야 하기 때문이다. 그는 정신과 자연의 통일을 '동일성' 혹은 '절대자'라고 부르면서, 이 절대자를 원리로 자연과 정신을 도출하는 체계를 다시 구상한다. 어떻게 보면 새로운 체계 같지만 사실 이 동일성의 체계는 자연철학을 저술할 때 이미 암묵적으로 전제되었던 것이다. 근원적인 자연이란 정신과 대립하는 자연이 아니라, 주체로서의 정신과 객체로서의 자연을 이미 포괄하는 절대적 주체와 같은 개념이었기 때문이다. 그렇다면 셸링이 새로 기획하는 '동일성 철학'이란 애초의 자연철학에 토대를 둔 철학인 셈이다.

•동일성 철학

자연철학(자연 전체를 하나의 유기적 생명으로 간주하고 그런 토대 위에서 세계와 인간을 설명한다)과 선험 철학(세계란 자기의식으로부터 이해될 수 있다는 관점에서 세계와 인간을 설명한다)을 제시한 셸링은《나의 철학 체계의 서술》(1801)을 통해 새로운 철학 체계로서의 동일성 철학의 이념을 제시한다. 이 이념에 따르면 철학은 더 이상 자연이나 자기의식적 정신을 원리로 세계를 설명하는 것이 아니라, 그 둘의 통일이자 무차별성인 하나의 동일한 것으로부터 어떻게 존재자가 산출되는지를 설명해야 한다. 그는 "철학은 단 하나의 인식 대상 외에는 다른 것을 용납하지 않는다. 다시 말해 철학의 과제는 모든 것 속에서 절대자를 발견해내는 일이다. 그러므로 이 철학은 절대자의 학문이라는 이름을 얻는다"라고 말한다. 이때 그가 말하는 '절대자의 학문'이 무엇인지를 이해하기 위해서 우리는 일반적으로 철학의 주체가 누구인지 생각해볼 필요가 있다.

일반적으로 생각할 때 철학을 하는 주체는 이성을 가진 인간이다. 하지만 인간은 유한한 반면, 철학이 대상으로 하는 절대자는 무한하다. 그렇기 때문에 만일 인간이 절대자를 인식할 수 있다면, 그때 인식의 주체는 유한한 인간의 사유가 아니라 무한한 사유여야 한다. 이러한 무한한 사유가 곧 이성이다. 다시 말해 무한한 사유인 이성이 인간 속에서 절대자를 인식하는 것이다. 그렇기 때문에 전통적으로 철학자는 인간 속에 있는 무제약적 이성을 신적 원리로 이해했다. 이렇게 본다면 절대자를 인식하는 철학이란, 개별적 인간 셸링에 의해 이루어지는 것이 아니라 셸링이든 헤겔이든 누구에게나 공통으로 존재하는 무제약적 이성에 의해 이루어진다. 이때 그 이성은 절대적인 것이므로 결국 이성에 의한 절대자의 인식은 절대자의 자기 인식이 된다. 다시 말해 절대자의 학문으로서의 철학이란 절대자가 스스로를 인식하는 학문이라고 할 수 있다.

셸링은 인간 속에서 절대자를 인식하는 이성을 지성적 직관이라고 부른다. 이러한 지성적 직관 속에서 인식되는 절대자는 동일성으로 이해된다. 일반적으로 동일성이란 항상 무엇과 무엇이 동일하다는 의미다. 절대자로서의 동일성도 마찬가지다. 절대자가 동일성이라는 것은 곧 절대자란 그 어떤 구별도 없이 스스로 자신과 하나임을 의미한다. 이러한 절대자로부터 자연과 정신이 산출된다. 그렇다면 그 어떤 구별도 없이 하나인 절대자로부터 어떻게 서로 구별돼 보이는 자연과 정신이 산출될까? 셸링은 절대자로부터의 자연과 정신의 산출을 절대자의 자기 인식이라는 개념을 통해 설명한다. 그에 따르면 절대자가 자기를 인식할 때, 인식하는 것과 인식되는 것은 서로 다르지 않고 동일하다. 그럼에도 불구하고 그 둘은 구분된다. 이와 같이 동일하면서도 구분되는 절대자의 모습이 비로 정신과 자연이다.

정신과 자연은 서로 구분되지만 사실은 동일하다. 그렇다면 문제는 우리에게 서로 구분돼 나타나는 이 둘이 어떻게 동일할 수 있는가 하는 점이다. 만약 그 둘이 절대적으로 동일하다면 자연과 정신이라는 구분 자체는 의미가 없다. 그렇기 때문에 '절대자란 자신과 동일한 것이다'라는 명제가 의미 있으려면 정신과 자연이 다른 것이면서도 어떻게 하나인지가 설명되어야 한다. 셸링은 이러한 '동일성' 개념을 설명하기 위해 A＝A라는 형식 논리적 개념을 사용한다. 일반적으로 A＝A라는 명제는 주어 A와 술어 A가 동일하다는 뜻이다. 이때 주어와 술어가 동일하기 위해서는 그 둘을 비교할 수 있는 또 다른 기준이 상정되어야 한다. 하지만 이런 방식으로 전개된다면 주어 A와 술어 A의 동일성은 결코 말할 수 없다. 그 비교 과정이 무한히 퇴행할 것이기 때문이다.

하지만 셸링은 이 명제 속에서 주어와 술어 속에서 나타나는 A를 주어 혹은 술어 이전에 '동등성Gleichheit'으로서의 '전체인 A'로 이해한다. 주어와 술어는 단지 이러한 동등성의 계기일 뿐이다. 주어와 술어 이전의 전체인 A의 동등성을 구체적으로 설명하기 위해 셸링은 기하학적 도형인 원주 개념을 끌어들인다. 중점과 둘레로 규정되는 원주에 있어 중점과 둘레는 각기 독립적으로 존재하는 것이 아니라 하나이자 절대적인 것이다. 다시 말해 중점은 원의 전체이며 동시에 둘레도 마찬가지로 원의 전체다. 왜냐하면 중점은 이미 그 개념에 둘레를 포함하기 때문이다. 이처럼 원주와 중점이 구분되지만 하나의 원을 나타내듯 주어 A와 술어 A는 서로 다르게 보이지만 사실은 하나의 근원적인 동일성일 뿐이다.

셸링은 이처럼 근원적인 동일성과 주어와 술어로 나타나는 것이 다르지 않다고 할 때 나타나는 동일성을 다음과 같은 형태로 표현한다.

$$\frac{A=B \quad A=B}{A=A}$$

이처럼 주어 A가 근원적인 동일성과 같은 것이며 술어 A도 근원적인 동일성과 같은 것이라면, 결국 전체로서 근원적인 동일성인 A는 주어와 술어의 동일성의 동일성으로서 "이중화된 동일성"이며, "동일성에 대한 반성으로서의 동일성"이라고 할 수 있다. 이러한 형태 속에서 A를 정신이라 하고 B를 자연이라 한다면, 정신과 자연은 각기 자연과 정신을 포함하는 것으로서 전체는 자연이면서도 정신인 하나의 절대자가 된다. 그렇기 때문에 자연으로부터 세계를 설명하든 정신으로부터 세계를 설명하든 결과는 마찬가지다. 다시 말해 절대자의 무한한 인식 속에서 인식하는 것은 동시에 인식되는 것이므로 자연과 정신은 각기 인식되는 모든 방식에서 서로 상응한다. 즉 "실재적 전체에 있어서 인식되는 모든 방식에는 이념적 전체에 있어서의 인식함의 모든 방식이 상응한다". 이때 자연과 정신의 구분은 단지 전체 속에서 개별자들이 구분되듯 양적 구분일 뿐이며 본질에 있어서는 전체로서 동일성일 뿐이다. 따라서 셸링은 다음과 같이 말한다. "우주에 있어서 도대체 순수하게 자연적인 것 혹은 정신적인 것은 존재하지 않는다. 자연적인 것의 본질은 정신적인 것의 본질과 마찬가지로 무차별성일 뿐이다". 물론 이처럼 절대자가 전체로서 하나이며 동일한 것이라면, 철학은 자연이나 정신이 아니라 이와 같은 하나이며 동일한 절대자 자체로부터 세계를 설명해야 한다.

·동일성 철학을 품고 카롤리네와 뷔르츠부르크로

카롤리네의 아름다운 외모와 깊은 정신 속에서 자연과 정신의 일치를 바라보며 동일성 철학을 기획한 셸링은 그녀와의 사랑을 더욱 키워나가면서 아우구스테의 죽음에 대한 자책으로부터 점차 벗어나기 시작한다. 이와 함께 카롤리네도 셸링과의 사랑이 깊어감에 따라 더 이상 빌헬름 슐레겔과 우정에 근거한 결혼 생활을 이어갈 수 없다고 생각한다. 그녀는 1803년 3월 괴테의 도움으로 슐레겔과 이혼하고 셸링과 결혼한다. 자신보다 열두 살이나 어린 남자와 결혼한 카롤리네는 이미 주위의 차가운 시선에 익숙해졌지만 딸을 죽이고 딸의 약혼녀와 결혼한 악녀라는 소문은 견디기 힘들어한다. 마침 이때 뷔르츠부르크 대학교가 셸링을 교수로 초빙하자 그녀는 예나를 떠나 셸링과 함께 뷔르츠부르크로 가게 된다.

뷔르츠부르크에 도착한 셸링 부부는 대학에서 제공하는 주택에 머문다. 하지만 이미 이 부부가 도착도 하기 전에 동료 교수들에게 카롤리네에 대한 안 좋은 소문이 퍼져 있었다. 대부분의 동료 교수는 셸링 부부와 교류하기를 꺼린다. 이와 같은 상황에서 카롤리네는 더욱 고립되고 아우구스테에 대한 죄책감과 그리움은 더 깊어간다. 이에 반해 셸링은 뷔르츠부르크 대학교에 적응해나가면서 1804년 자신이 이미 출간한 동일성 철학을 강의한다. 당시의 뷔르츠부르크 대학교는 가톨릭 영향으로 아직 전통 가치가 지배적인 분위기였기 때문에, 예나에서 자유로운 정신을 만끽하던 셸링에게 모든 것은 고루하고 정체된 듯한 느낌을 주었다. 이에 셸링은 예나에 있던 헤겔에게 "뷔르츠부르크 학생들은 철학을 전혀 이해하지 못하고 있다"고 편지를 쓴다. 하지만 이러한 상황임에도 그는 강의를 통해 동일성 철학을 계속해서 설명하고자 노력한다.

이즈음 헤겔은 예나에서 《정신 현상학》 집필에 몰두해 있었다. 헤겔은 이 책에서 유한한 인간의 사유가 일상적 경험으로부터 시작해서 어떻게 철학적 사유를 거쳐 절대자에 대한 인식에 도달할 수 있는지 서술하고자 했다. 이러한 시도를 하던 헤겔의 눈에 자연과 정신은 직접적으로 동일하며 철학은 인간의 지성을 뛰어넘는 절대자의 자기인식이라는 셸링의 주장이 논증을 결핍한 게으른 정신의 산물로 보였다. 따라서 헤겔은 1806년 《정신 현상학》 서문에서 셸링의 체계를 비판하는 내용을 싣는다. 그에 따르면 절대자가 주체와 객체의 직접적 통일이라면 그 절대자란 "모든 황소가 검게 보이는 밤"에 비유될 수밖에 없다. 문제는 셸링이 어떻게 인간의 유한한 사유가 절대자에 이를 수 있는지를 분명하게 밝히지 않고, 절대자에 대한 인식을 마치 "권총에서 발사된" 것처럼 설명한다는 점이라고 했다. 이러한 비판은 셸링에게 큰 타격을 주었다. 누구보다 자신의 철학을 이해하고 동지가 되리라 생각했던 헤겔에게 비판을 받은 셸링은 낙담을 넘어 오랜 우정을 포기하는 상태에 이른다. 이 비판을 기점으로 셸링은 독일 철학계에서 가장 영향력 있는 자리를 헤겔에게 넘겨주었다.

　뷔르츠부르크에서의 고립된 생활도 잠시, 셸링은 다시 1806년 바이에른 뮌헨에 새롭게 설립되는 예술 아카데미의 책임자로 초청받는다. 그는 더 이상 뒤도 안 돌아보고 뷔르츠부르크를 떠나 뮌헨으로 향한다. 뮌헨에 온 셸링은 '조형 예술의 자연에 대한 관계'라는 주제로 예술 아카데미에서 강연했다. 예술가들에게 자연 속에 놓여 있는 자유를 모방할 때 예술가 자신도 자유롭게 된다고 역설한다. 문제는 당시의 청중이 셸링의 주장을 인간의 독자성을 부인하고 자연에 절대적 가치를 두었다고 이해했다는 점이다. 인간의 독자성을 부정한다는 것은 신이 인간을 창조했다는 창조 섭리를 부정하는 것이다. 신은 자신의 형상을 본떠 인간을 만들고 그에게 자유를 허락함으로써 모든 자연을 지배하도록 했기 때문이다. 물론 셸링이 자연과 정신이 하나이며 동일하다고 주장한다고 해서 곧 인간의 자유를 부정하지는 않았다. 그는 단지 칸트가 정형화한 자연 이해, 즉 자연 자체는 인과적이며 필연적 법칙에 따르는 반면 인간은 자유로운 존재라는 생각을 비판하고자 한 것이다. 따라서 셸링은 뮌헨에서 신이 창조한 세계에서 어떻게 인간이 자유로운 존재일 수 있는지 그리고 자유로운 인간 존재와 자연은 어떻게 하나로 통일될 수 있는지에 관한 글을 써야겠다고 생각한다. 물론 이 글은 자신의 생각에 대한 변론이지만 동시에 자기 체계에서 미진했던 부분, 즉 동일성 철학에서 충분히 설명하지 못한 인간 자유의 문제를 해명하기 위해서라도 반드시 필요했다. 이런 이유로 셸링은 1809년《인간 자유의 본질에 관한 탐구》라는, 그렇게 두껍지 않으면서도 어려운 책을 출간하게 된다.

• 신이 창조한 세계에서 인간은 어떻게 자유로울 수 있을까?

셸링은 이 책에서 먼저 자신의 동일성 철학이 범신론이 아닌가라는 의혹에 대해 범신론과 자신의 생각이 어떻게 다른지를 설명한다. 일반적으로 범신론이란 사물이 신 안에 내재한다는 이론이다. 셸링도 모든 존재자는 신으로서의 절대자에 근거한다고 말한다. 문제는 이때 모든 존재자가 신 안에 있다면 인간 또한 신 안에 있어야 한다. 그렇다면 무엇이 문제일까? 범신론과 마찬가지로 기독교에서도 신이란 우연적이며 맹목적적인 존재가 아니라 필연적이며 목적에 부합하는 존재다. 하지만 신이 이처럼 필연적이며 목적에 부합한 존재라면 그러한 신 안에 있는 인간에게 자유가 허용될까가 문제가 된다. 인간이 자유롭다는 것은 신의 뜻에 거슬러 행동할 수 있다는 뜻인데, 인간이 신 안에 거주하는 한 이것은 불가능하기 때문이다. 이것은 범신론에서도 마찬가지다.

만일 인간이 자유롭다면 그리고 인간이 그 자유를 통해 신의 뜻을 거역할 수 있다면? 이때 신은 선하므로 신을 거역한다는 것은 악을 행하는 것이 될 터인데, 그 악을 행할 수 있는 가능성은 신으로부터 연유한다. 왜냐하면 악을 행하는 인간이 신으로부터 나오기 때문이다. 그렇다면 결국 세계를 창조한 신은 선하지 않거나 아니면 인간이 악으로 타락하는 것을 제지할 만큼 전능하지 않거나 둘 중 하나가 된다. 물론 어느 경우라도 기독교 관점에서는 수긍할 수 없는 결론이다. 따라서 신의 피조물로서의 인간의 자유에 관한 문제는 전통적으로 신의 정의에 관한 변론의 문제로 이어진다. 물론 기독교에서 말하듯이 신은 인간을 창조했지만 인간에게 자유의지를 부여했기에 인간의 악행은 전적으로 인간 책임이라고 주장할 수 있다. 하지만 이러한 주장은 결코 문제의 해결이 아니다. 신의 뜻을 거역하고 악으로 나아갈 수 있는 가능성 자체는 여전히 신에 근거하기 때문이다.

신의 피조물인 인간의 자유는 이처럼 설명하기 어려운 주제다. 이런 상황에서 셸링은 인간의 자유를 설명하기 위해서는 먼저 신이 창조한 세계에 악이 어떻게 가능한지를 설명한다. 전통적으로 선한 신을 옹호하는 자는 악이란 실제로 존재하는 것이 아니라 단지 선의 결핍이라고 주장하거나 혹은 신의 관점에서는 다 선하지만 인간의 눈으로 보기 때문에 악이라고 말하기도 한다. 이와 같은 주장을 하는 대표적 신학자는 사도 바울이다. 그가 볼 때 우리에게 고통과 어려움으로 다가오는 것들도 신의 관점에서 보면 결국에는 협력하여 선을 이룬다는 것이다. 하지만 셸링이 볼 때 이러한 설명에 근거해서는 실제적 인간의 자유를 설명할 수 없다. 인간의 자유에 의해 저질러진 악은 자연의 질서뿐만 아니라 소중한 생명조차 앗아가기 때문이다.

셸링의 관점에서 신이 창조한 세계에 악이 존재하는 것을 설명하기 위해서는 신의 개념을 새롭게 이해해야 했다. 그는 우선 존재를 '실존'

과 '실존의 근거'로 구분한다. 이러한 구분은 신에게도 적용된다. 그렇다면 신은 실존하는 신과 실존의 근거인 신으로 구분되어야 한다. 우리가 일반적으로 생각하는 신이란 실존하는 신이지만, 이러한 신은 자신 속에 자신과는 구분되는 실존의 근거를 갖는다. 신 말고는 그 무엇도 존재할 수 없기에 이 근거도 신이어야 한다. 셸링에게 실존하는 신이 질서와 정신으로서의 신이라면, 근거로서의 신이란 근원적 충동 혹은 맹목적적인 의지로서의 신이다. 그렇다면 인간이 신에 의해 창조된다는 것은 바로 조화로운 정신과 함께 맹목적적 충동 혹은 무질서한 욕망을 갖는 존재로 산출된다는 뜻이다. 다시 말해 인간을 비롯한 모든 존재를 신이 창조했다는 것은 곧 그것들이 맹목적적인 충동으로서의 욕망과 조화로운 이성을 존재의 원리로 한다는 뜻이 된다.

이러한 이중 원리는 인간 외의 모든 사물 속에서는 분명하게 구분되지 않지만 인간에게서는 명백하게 구분된다. 이 두 원리가 인간에게서 명백하게 구분된다는 것은, 비록 신에 의해 인간이 창조되었지만 신과는 다른 행위를 할 수 있다는 뜻이다. 이것이 바로 인간이 선이나 악을 행할 자유의 근거가 된다. 왜냐하면 선이란 충동으로서의 욕망이 이성의 질서에 따르는 것을 의미하는 반면, 악은 욕망이 이성을 지배하는 것이기 때문이다. 셸링은 욕망을 어둠의 원리로 이성을 빛의 원리로 부르는데, 그렇다면 결국 '악'이란 "어둠의 원리와 빛의 원리의 관계가 전도된 것" 혹은 "힘들의 잘못된 통일성" 또는 "혼동, 즉 시원적인 중심이 아직 빛에 종속되지 않았던 그런 혼동의 상태로 복귀하려는 격정"이 된다.

악이 이처럼 "원리들의 관계가 전도된 것"이라면, 우리는 다음과 같은 두 가지 의문에 빠진다. 이러한 원리들의 전도가 인간에게서만 일어날까 인간 외의 존재에서도 일어날까? 셸링에 의하면 인간에게만 일어나지는 않는다. 비록 인간에게서처럼 뚜렷하게 원리가 구분되지는 않는다고 해도 인간을 제외한 모든 동물과 자연물 속에서도 그러한 원리의 왜곡은 일어난다. 질병이나 기근, 지진 혹은 공포와 폭력 등이 그 예다. 그렇게 해서 발생하는 악을 철학자는 '물리적 악'이라 부른다. 하지만 이러한 것이 인간에게서 일어날 때는 좀 더 특별해진다. 인간은 스스로 그러한 원리의 전도를 자각할 수 있기 때문이다. 셸링은 그렇게 인간 속에서 일어나는 악을 '근본악'이라고 부르며, 이 근본악은 온전히 인간이 행하는 악이기 때문에 온전히 그 책임이 인간에게 놓인다고 말한다.

하지만 여기서 문제는 여전히 남는다. 인간에게 근본악이 가능하다면 인간은 왜 원리의 관계를 왜곡할까? 이 왜곡의 가능성은 어디에서 올까? 셸링은 다음과 같이 말한다. "악의 근거는 계시적으로 드러나는 중심 또는 최초의 근거인 근원 의지 안에 놓인다". 이처럼 악의 근거가 창조 이전의 근원적 근거에 놓인다면, 악이란 모든 존재자를 실존하게 하는 근거로서 실재적인 것이며, 존재의 생명일 뿐 아니라 신의 계시적인 면에서 필연적인 것이라고 해야 한다. 다시 말해 인간에게 있는 '악으로의 성향'은 단순히 우연적인 것이 아니라 불가피한 것으로서 인간 존재의 조건이 된다. 따라서 셸링은 다음과 같이 말한다. "최초의 창조에 있어서 악이 함께 자극되고, 근거의 스스로의 작용을 통해 결국 악이 보편적 원리로 전개되는 것이라면, 인간의 악에 대한 자연적 성향은 이미 그것을 통해 설명할 수 있을 듯하다. 고유 의지의 일깨움에 의해 일단 피조물 안에 나타나게 되는 힘들의 무질서는 이미 탄생에 있어 전달된 것이기 때문이다".

이와 같이 악을 행하는 인간의 자유를 근거로서의 신으로부터 설명함으로써 셸링은 자신의 동일성 철학이 인간의 자유를 부정하는 것이 아니라 오히려 인간의 실제적 자유를 설명해주는 유일한 이론이라고 제시한다. 하지만 짧은 시간 안에 자신의 생각을 체계적으로 서술하려는 지나친 욕심이 그를 육체적으로 완전히 지치게 만든다. 1809년 《인간 자유의 본질》을 출간한 셸링은 편도에 심한 염증이 생기면서 열이 나자 의사인 형의 조언을 받아들여 아내 카롤리네와 함께 휴양을 떠나고자 한다. 카롤리네는 이때 그녀의 사랑에 종말이 오는 것을 예감이라도 하듯 휴양지로 떠나면서 그녀의 친구에게 "보고 싶지만 어쩌면 영원히 볼 수 없게 될 친구"라는 표현이 담긴 편지를 보낸다.

1809년 8월 18일 셸링과 함께 길을 출발한 카롤리네는 슈투트가르트를 거쳐 마울브론에 도착해서 다시 친구에게 편지를 써 "가슴이 하루하루 점점 하얘진다"고 말한다. 많은 학자가 이 구절에 근거해 카롤리네가 유방암을 앓고 있었으며 아마 이때쯤에는 말기가 아닌가 추측한다. 마울브론에 도착한 카롤리네가 가슴뿐 아니라 곳곳에 심한 통증을 호소하자 셸링은 의사인 형에게 아편을 보내달라고 부탁한다. 형은 아편의 여러 가지 부작용을 걱정하면서 차라리 약용 식물인 대황을 복용하라고 권고한다. 자신이 확신하고 있는 자연철학적인 지식에 근거해서 병을 고칠 수 있다고 확신한 셸링은 아우구스테에게 그랬듯 이때도 카롤리네에게도 아편을 복용케 한다. 하지만 아편을 복용한 카롤리네는 고열과 설사에 시달리다가 일주일 만인 1809년 9월 7일에 사망한다.

때로는 어머니처럼, 때로는 누이처럼 셸링의 정신세계 속에서 철학하는 동기를 제공했던 카롤리네의 죽음은 셸링에게 큰 충격을 주었고, 삶의 의미에 대한 걷잡을 수 없는 회의로 빠뜨린다. 셸링은 이후 인간의 삶과 죽음에 대해 깊이 사색하면서 1810년 슈투트가르트에서 '클라라 혹은 자연과 정신세계의 연관에 관하여'라는 강의를 하게 된다. 이 강의에서 그는 죽음이란 인간의 본래적 삶의 회복이며 생명의 근원에서 볼 때 좀 더 높은 단계로 넘어가는 현상이라고 말한다. 왜냐하면 죽음과 함께 모든 우연적인 것은 소멸되지만 정신의 온전한 개체성은 남기 때문이다.

카롤리네의 죽음 이후 잠시 슈투트가르트에서 머물다 뮌헨으로 돌아온 셸링은 1811년 즈음부터 미완의 기획으로 끝나는 《세계시대》 강의에 몰두한다. 이 강의에서 셸링은 세계 창조 전부터 어떻게 세계가 창조되고 전개되는지 제시하고자 한다. 이에 따르면 창조란 수축과 팽창하는 근원적 힘들의 엉킴으로부터 형태가 출현하는 과정이며, 이 과정에서 자연과 자기의식적인 인간이 형성되는데 이 모든 것은 신의 계시가 된다. 그렇기 때문에 창조 이전부터 현재에 이르는 존재의 근원에 맞닿아 있는 인간 속에는 신의 근원적 계시가 놓이게 된다. 다시 말해 인간의 역사는 곧 신의 계시의 역사가 된다.

우주의 전개와 인간의 역사 속에서 신의 계시를 주장하는 《세계시대》가 출간되자, 셸링은 뜻하지 않게 당시 자연주의적 이신론을 비판하며 신의 계시에 대한 이해는 오로지 이성을 포기하고 신앙에 의한 비약으로만 가능하다고 주장하는 야코비Friedrich Heinrich Jacobi, 1743~1819에 의해 날카로운 비판을 받는다. 야코비는 이성으로 자연과 신의 계시를 이해하려는 모든 시도는 결국 허무주의에 빠질 수밖에 없으며, 셸링의 주장 또한 궁극적으로는 이성의 교만에 의한 허무주의라고 비판한다. 당시 모든 철학자와 지성인에게 화제가 된 이 논쟁에서 대부분은 셸링의 편을 들지만 몇몇은 야코비의 편에 선다. 논쟁 시초에는 중립을 지키던 괴테도 논쟁이 진행되자 결국 진리가 승리할 것이라는 편지를 셸링에게 보내면서 자신이 누구의 편에 서 있는지 밝혔다. 게다가 야코비에게는 "만일 내가 그 책이 나를 상당히 불쾌하게 했다는 것을 당신에게 말하지 않는다면, 아마도 나는 순수함과 정직함을 잃게 될 것입니다"라는 편지까지 쓴다. 그 책이란 야코비가 셸링을 공격하기 위해 출간한 책임은 말할 것도 없다.

이와 같은 논쟁이 진행되는 가운데, 괴테 친구의 딸이자 카롤리네와 친분을 나누던 파울리네 고터는 셸링에게 "당신의 책은 나에게 정말 감동이었어요. 당신은 정말 최고에요!"라는 내용의 편지를 보내면서 그를 위로한다. 카롤리네의 죽음 이후 영혼의 위로를 갈망하던 셸링은 이 편지를 받고 열네 살이나 어린 파울리네에게 새로운 사랑을 느낀다. 결국 편지를 받은 지 1년 후인 1812년 6월 11일 셸링은 파울리네와 결혼하고, 1년이 지난 1813년 12월 그의 생애 처음으로 아들을 얻는다.

파울리네와의 평범한 결혼 생활을 유지하던 셸링은 1820년 늦은 가을 에를랑겐 대학교로부터, 강의 의무에서 완전히 벗어나 자유롭게 연구만 할 수 있는 명예교수로 초빙을 받는다. 에를랑겐으로 자리를 옮긴 셸링은 강의 의무가 없었음에도 불구하고 1821년과 1823년 두 번에 걸쳐 '세계시대'를 강의한다. 이때 이미 셸링은 모든 지성인과 학자에게 알려져 있었기 때문에 그의 강의에는 에를랑겐 대학교 학생, 대부분의 교수, 철학에 관심 있는 시민까지 참석한다.

셸링은 오후 5시부터 한 시간, 길게는 두 시간 정도 《세계시대》를 읽어나갔는데, 이때 강의의 분위기는 마치 성소에서 신의 말씀이 선포되는 듯 엄숙했다. 그가 강의를 시작하는 5시 이전에 이미 큰 강의실의 의자는 청강자로 꽉 메워졌을 뿐 아니라 복도에도 많은 사람이 서 있었다. 무겁고 커다란 강의실 문이 열리면서 셸링이 모습을 나타내면 모든 청강자가 일어서 그를 맞았다. 앞으로 나간 셸링은 강의 전에 먼저 입장 연설을 한 뒤 전날 강의 내용을 요약한 다음 본 강의를 이어나갔다. 당시 학생으로 강의에 참여했던 아우구스트 그라프는 그때의 감정을 자신의 일기 속에 이렇게 적었다. "이 특별한 사람은 풍부하면서도 도저히 회피할 수 없는 생명력을 전 대학에 퍼뜨리고 있었다".

에를랑겐에서 학자로 명예와 존경을 누리고 있었음에도 불구하고 셸링은 계속해서 뮌헨을 그리워했다. 이때 마침 루트비히 1세에 의해 뮌헨 대학교가 재건되면서 초빙을 받자 셸링은 1827년 에를랑겐을 떠나 뮌헨으로 이주한다. 하지만 당시 뮌헨은 부르주아 시민혁명이 실패한 이후 절대 군주 체제로 막 복귀하려던 차였기 때문에 대학을 비롯한 모든 언론이 검열을 받았을 뿐 아니라 개신교도에게는 여러 제약이 주어졌다. 북쪽 베를린에서 이런 정세를 전해 듣던 훔볼트Wilhelm von Humboldt, 1767~1835와 분젠Christian Karl Josias von Bunsen, 1791~1860은 이참에 셸링을 베를린으로 데려오기로 한다.

당시 베를린에는 독일 철학계를 대표하던 헤겔이 1831년 겨울 갑자기 콜레라로 사망한 후 그의 자리가 공석으로 남아 있었다. 문제는 헤겔의 영향이 너무 지대했기 때문에 철학도들이 그의 사상에 대해 좌파 우파로 갈려 서로 논쟁하고 있다는 점이었다. 이 때문에 헤겔의 공석에 셸링이 올 경우 그가 헤겔 철학에 어떤 입장을 제시할지에 따라, 셸링의 베를린 입성을 철학도들이 반대하거나 찬성하는 기류가 형성되어 있었다. 이 같은 상황에서 분젠은 1840년 8월 셸링에게 "빌헬름 프리드리히 4세가 공허한 혁명의 광신주의에 반하는 좀 더 깊고 진지한 철학적 사유를 당신에게 원한다"라고 적은 초빙장을 보낸다. 이 초빙장을 받은 셸링은 1841년 드디어 학문적 여정의 마지막이 되는 베를린에 입성한다.

많은 논란과 기대에 부응하듯이 그의 취임 연설에는 엥겔스, 키르케고르, 바쿠닌, 헨리크 슈테펜스, 아르놀트 루게 등 많은 젊은 철학도가 참석한다. 이들은 모두 헤겔 좌파를 대변하는 인물들로 셸링이 헤겔 왕국을 비판해주기를 기대하며 그의 강의에 귀를 기울인다. 하지만 셸링은 국가와 사회에 대한 이성적 설명보다는 인간을 포함한 세계의 근원에 대한 존재론적 이해와 비합리적 근거에 대해 강의함으로써 한편으로는 그들에게 실망감을 안기지만, 다른 한편으로는 깊은 영향을 주게 된다.

특히 이때 강의한 그의 철학은 '긍정 철학'이라고 불린다. 셸링은 이 철학 속에서 헤겔의 관념론과 젊은 날의 자신의 철학을 포함해서 이성적 사유를 원리로 세계를 설명하려는 모든 철학을, 존재를 파악하지 못하는 '부정 철학'이라고 규정한다. 그에 의하면 이성적 사유에 의해 파악되는 존재란 단지 보편적 개념으로 환원된 부정적 의미의 존재일 뿐 결코 긍정적인 것으로서의 존재 자체는 아니다. 따라서 철학이 존재의 진리를 파악하고자 한다면, 이성적 사유를 통해 존재를 해명하려는 태도를 벗어던져야 한다. 이러한 태도를 포기할 때 비로소 존재를 이해할 수 있는 가능성이 열리는데 그것은 애초에 서양 철학의 출발점에서 철학자를 철학의 길로 인도했던 '놀람' 혹은 '경이'와 같은 것이다. 이와 같이 사유를 통해서는 존재를 파악할 수 없으며 오히려 사유를 포기할 때 존재에 다가갈 수 있다고 피력한다. 이러한 주장은 엥겔스와 바쿠닌 등 헤겔 좌파에게 영향을 미치면서 유물론적 철학을 형성시키는 동기를 제공할 뿐만 아니라 키르케고르로 하여금 실존철학을 형성하는 동기를 제공한다.

비록 존재의 근원을 파헤치려는 작업이 베를린에서 충분한 관심을 받지는 못했지만 셸링은 자신의 작업을 더 밀고 나가 인간을 포함한 모든 존재의 역사를 실존자로서의 신의 계시로 이해하고 그것에 기초하여 신

독일 뷔르템베르크에 있는 셸링 기념비.

의 계시 전체를 체계적으로 기술하려고 노력한다. 하지만 건강이 급속도로 악화되자 셸링은 1846년 이후 강의를 그만두고 저술을 하면서 가족이나 친구들과 함께 평온한 일상을 보낸다. 그가 이 당시 주로 교제하던 친구는 헨리크 슈테펜스, 그림 형제, 레오폴트 폰 랑케 등 당대의 뛰어난 인물이었다. 하루하루를 평온하게 보내던 셸링은 1854년 8월 20일 휴양 차 떠났던 스위스의 바드 라가츠에서 사망한다. 황태자 시절 셸링에게 철학을 배웠던 막시밀리안 2세는 그곳에 셸링의 묘비를 세우게 하고 다음과 같은 비문을 적어 그의 죽음을 애도했다.

"독일 최고의 사상가에게 바침".

니 체 & 운 명 애

"
니체의 연인 하면 우리는 쉽게 러시아의 강인하
면서도 아름다운 여인이자 한 인간이었던 루 살
로메를 떠올릴 것이다. 하지만 니체가 그의 온
삶을 통해서 사랑을 쏟은 대상은 따로 있지 않
았을까? 금강석 같은 여인으로 그려지기도 했
던 살로메처럼, 빛나지만 강한 결정체가 탄생되
는 그 산실인 바로 운명애 사상 아닐까?
"

chapter 06

Nietzsche & Amor Fati

니체,
운명과 사랑에
빠지다 /김선희

글쓴이 **김선희**

—

강원대학교 철학과를 졸업하고, 독일 베를린 자유대
학교에서 박사학위를 취득했다. 주된 연구 분야는 삶
철학과 철학상담치료이며, 철학을 통한 프락시스, 프
락시스를 통한 상담이나 치료 등에 관한 주제를 연구
해왔다. 철학상담에서 주로 사용하는 방법은 '관점
치료'이며, 기법으로는 '필로-프락시스'를 적용한 철
학 상담·교육·치료 방법에 몰두하고 있다. 지은 책으
로 《마음, 철학으로 치료한다》(공저), 《쇼펜하우어&
니체: 철학자가 눈물을 흘릴 때》, 《인문치료와 철학》
(공저), 《죽음 그리고 자살》(공저), 《삶·일상·윤리: 현
대인의 삶을 위한 12가지 성찰》(공저), 《섹슈얼리티
와 철학》(공저) 외 다수가 있다. 논문으로는 〈'작은 철
학'의 짧은 삶과 '큰 철학'의 오래된 삶: 파르마콘으로
서 플라톤의 다섯 가지 역설들〉〈철학 프락시스를 통
한 철학교육과 철학치료 방법론 연구〉〈논리기반치
료와 합리적 정서행동치료의 절충적 정체성에 대한
철학치료적 분석: 진리관을 중심으로〉〈또 하나의 죽
음, 자살에 대한 니체의 철학적 부검과 철학적 알리
바이〉〈니체와 쇼펜하우어에 있어서 예술의 치료적
양면성〉 외 다수가 있다. 현재 강원대학교 철학과 교
수로 재직하며 철학치료이론과 실습, 독일철학, 철학
실천입문 등의 전공과 힐링철학, 인문인을 위한 철학
등의 교양 강의를 하고 있다. 한국철학상담치료학회
교육이사이며 철학상담치료수련감독이다.

—

• 철학자가 연애한다?

연애를?

누구랑?

철학자의 연애라는 화두를 들었을 때, 나는 귀가 간질거렸다. 그리고 곧장 니체Wilhelm Friedrich Nietzsche, 1844~1900가 떠올랐다. 왜 니체였을까? 그것은 지금 내가 니체와 연애 중이기 때문이다. 나는 니체에 취해 있다. 엄밀히 말하자면, 니체의 '운명애amor fati'라는 개념과 열애 중이다. 운명애는 벼락처럼 내 온 존재를 두근거리고 설레게 했다. 그러니 나는 분명히 니체의 운명애와 사랑에 빠졌다, 니체의 중매로.

'운명애'라는 개념은 나의 연인이기 오래전에 이미 니체의 연인이었다. 그리고 이 묘한 개념은 까칠한 영혼을 지닌 니체가 신이 아니라 '인간'이라는 존재와 사랑에 빠지게 한 묘약이었다. 왜냐하면 이 개념을 통해서 비로소 니체는 인간의 위대함의 정식을 발견했기 때문이다. 바로

작가이자 정신분석학자였던 루 살로메. 니체의
연인으로 유명하지만 그의 진정한 연인은 루
살로메가 아니었을지도 모른다.

이 개념의 중매로 니체는 인간에 대한 의심과 회의의 책 대신에 인간에
대한 사랑의 책을 집필하게 된다.

니체의 연인 하면 우리는 쉽게 러시아의 강인하면서도 아름다운 여인
이자 한 인간이었던 루 살로메Lou Andreas-Salomé, 1861~1937를 떠올릴 것이다.
하지만 니체가 그의 온 삶을 통해서 사랑을 쏟은 대상은 따로 있지 않았
을까? 금강석 같은 여인으로 그려지기도 했던 살로메처럼, 빛나지만 강
한 결정체가 탄생되는 그 산실인 바로 운명애 사상 아닐까? 니체가 사
랑했던, 그리고 지금 누군가가 매혹된 그 개념.

▪철학하는 남자, 니체의 연인, 루 살로메 그리고

1882년 4월 24일, 니체는 처음으로 살로메를 만났고 사랑했다. 그러나 니체의 연애는 살로메 이전에도 있었다. 그녀를 만나기 전 이미 또 다른 연애가 그의 온 존재에 강렬하면서도 치명적으로 각인되어 있었다. 그의 문제작《니체 자서전: 나의 여동생과 나》에서 그는 슐포르타 김나지움 시절에 이미 '백작 부인'과, 라이프치히 대학교 시절엔 '유라시아 소녀'와의 연애를 그의 온 존재로 체험했다. 그 연애는 사춘기 시절의 치기 어린 과거사로 끝나지 않았다. 그 사건은 1889년 1월 3일 토리노에서의 그의 삶이 몰락하는 원인이기도 했다. 니체의 연애 경험은 헤겔 Georg Wilhelm Friedrich Hegel, 1770~1831이《정신 현상학》을 탈고하기도 했던 예나의 한 정신병원에 입원해 있는 그의 삶의 현장에 고스란히 현전했다. 성욕이 제공하는 기이하고도 놀라운 세계에 대한 청년기의 호기심의 대가는 말년까지도 니체의 육체와 더불어 그의 정신을 뿌리째 뒤흔든 망치이자 폭발물로 죽음의 순간까지 그와 동행했다.

니체는 저 자서전에서 '영원한 여성'이야말로 남자를 완전하고 건강한 천상으로 끌어올릴 수 있다고 믿었던 그의 청춘기의 신념이란, 신을 창문 밖으로 내던진 결과로 오히려 니체의 존재의 뒷문으로 다시 슬그머니 들어온 혼동된 신임을 역설한다. 따라서 신이나 반신을 원하는 욕구를 참지 못하는 자는 필연적으로 '영원한 여성'을 신성시할 수밖에 없는 팔자임을 피력한다.

그러나 니체가 그의 온 삶을 통해서 사랑을 쏟은 존재이자 그것으로부터 사랑을 받은 존재는 따로 있지 않았을까? 그것은 바로 살로메처럼 눈부시게 아름다우면서도 바위처럼 투박하고 억센 존재인 사상思想이다. 니체는 백작 부인이나 유라시아 소녀 코지마 바그너, 살로메 그리고 심지어 그의 여동생 엘리자베트에 대한 지독하고 치명적인 사랑을 무의식 속에 봉인했다. 그럼으로써 자신의 사상을 탄생시켰다. 사랑이 준 달콤한 환희의 크기만큼 고스란히 돌려받는 쓰디쓴 고통의 상형 문자를 해독할 수 있는 슈퍼백신으로서의 사상을 말이다.

• 철학은 연애학이다

철학은 그 어원에서 분명하게 드러나듯이 지sophia에 대한 사랑philos, 즉 애지philosophia다. 철학이 바로 애지라니 참으로 새삼스럽지 않은가? 그러므로 철학자가 사랑하는 것은 지知다. 이 애지의 결실 하나하나가 바로 우리가 철학이라는 이름하에 만나는 무수한 철학 개념이자 사상이자 이것들로 이루어진 이론이다. 세상에 있는 무수한 존재를 제치고 철학자의 최고 연인으로 등극한 것이다. 또한 지는 철학자뿐만 아니라 만인의 연인으로까지 등극한다. 매우 놀라운 사건이다. 지금까지 인간이 다양한 존재자에 매료되었다면, 이때부터 인간은 오히려 지에 매료되기 시작한다.

철학자 이전에 출현한 또 다른 지의 수호자인 서사 시인은 신과 영웅에 대한 지를 알고자 했다. 그리하여 이들은 신과 영웅에 대한 지를 주로 모으고 관리하고 전달했다. 그러나 이들 이후에 출현한 자연철학자는 신이나 영웅 대신, 자연에 대한 지를 자신의 앎의 대상으로 했다. 그리고 동시대의 또 다른 지를 대상으로 한 소피스트는 자연뿐만 아니라 논박술이나 변론술을 중심으로 하는 지를 대상으로 했다.

그러나 자연철학자, 소피스트와는 또 다른 지에 관심을 보이는 존재가 출현했다. 소크라테스다. 그는 자연이 아니라 오히려 그 자연에 대한 지를 수집하는 '인간에 대한 지'에 몰두한다. 뿐만 아니라 그는 단지 지의 수집자나 판매자가 아니라 사랑하는 자로 출현한다. 그는 지자知者를 의미하는 소피스트sophist와 변별되는, 애지자philosopher이기 때문이다. 지금까지 주로 축적이나 판매 대상이었던 지가 이제부터는 사랑의 대상으로 부상한다.

그런데 사람들이 지에 이렇게 열광하는 이유는 무엇일까? 지와의 랑데부는 무슨 의미일까? 아리스토텔레스가 이야기했듯이 인간은 형이상학적 동물이기 때문에 그러할까? 정말 그러할까? 아닐지도 모른다. 어쩌면 인간은 근본적으로 오히려 형이하학적 동물이기 때문에 살기 위해 그리고 더 잘살기 위해 지에 몰두하지 않았을까? 인간의 생존이나 생계에 필요한 것이 물건보다는 그것에 대한 지라는 생각을 인간이 본능적으로 깨달았기 때문에 지를 사랑할 뿐 아니라 편집증이 생길 만큼 집착하는 데까지 이른 것이리라.

앎에의 의지는 바로 삶에의 의지, 특히 생존에의 의지로 보는 편이 훨씬 설득력 있다. 지를 생산하고 재생산하는 데에 그토록 인류가 집착한 이유를 형이상학적 근거로 보는 낭만적 해석은 오히려 지의 위력을 은폐하려는 조작적 의도로도 읽힐 수 있지 않을까?

인류가 그토록 심혈을 기울여 축적해온 지는 가장 가치 있는 물건이자 가장 값비싼 물건이다. 오늘날 일어나는 각종 정보 첩보전이 바로 그것의 산증인이다. 지식이 뭐길래 이토록 집착할까? 도대체 지가 삶이나 생존에 어떤 역할을 하기에 그렇게 오랫동안 인간의 최고 연인으로 사랑받아왔으며, 심지어는 대학이라고 하는 거대한 신전을 오늘날까지도 유지하고 끝없이 신도를 재생산할까?

모두의 관심과 사랑을 한 몸에 독차지하는 이 지식이라는 존재는 그 무엇과도 교환하기 어려운 강력한 역할을 행사한다. 바로 인간과 세계의 결정적 중매쟁이 역할이다. 인간을 바꾸고 세계를 바꾸고 삶을 바꾸는 강력한 힘을 행사하는 데에 결정적 역할을 하는 것이 바로 지식이다. 그 마력 앞에 모든 인간은 자처하여 무릎을 꿇고 세레나데를 부른다.

그러나 지식 자체는 인간도 세계도 아니다. 그것은 단지 인간과 세계를 연결하는 매개체다. 그것은 신부도 신랑도 아닌, 그 둘을 만나게 해주는 중매쟁이에 불과하다. 그러나 만일 이 지가 월권하여 신부나 신랑이 되고자 한다면 어떻게 될까? 이 주객전도는 바로 인간이라는 신부와, 세계라는 신랑의 만남을 원천 봉쇄한다. 그리고 그 자리에 가짜 신부와 신랑 행세를 하는 껍데기 중매쟁이 지밖에 남지 않으며 예비 신부와 신랑의 혼인은 무기한 연기된다. 가짜 신부와 신랑은 가짜 결혼을 하고 임신을 하고 분만을 하고 양육을 함으로써 허수아비 세상을 만들게 될 것이다.

　하지만 다행히 지가 중매쟁이 역할에 충실하다면, 그리하여 인간이 지를 우상시하지 않고 중매쟁이로만 대한다면, 지에 대한 인간의 사랑은 더 새롭고 풍요로운 삶이라는 결실을 맺을 것이다.

• 철학의 초자아인 플라톤, 철학의 불멸의 연인으로 '지'를 점지하다

애지자 중에서도 플라톤은 자신이 사랑하는 대상을 선택하는 데에 아주 까다롭고 독특한 취향을 지닌 인물이었다. 그는 당시에 소피스트나 자연철학자의 취향과는 아주 다른 취향을 지니고 있었다. 《파이돈》에서 그가 역설하듯이 그가 사랑한 지식은 이데아idea다. 그는 이데아를 자신의 이상형으로 삼았다. 육안으로 보이는 가시적 연인이 아니라 지성의 눈으로만 보이는 가지적 연인을 사랑함으로써 그는 그만의 독자적 지를 발명했고, 나아가 지와의 랑데부에 새 차원을 열었다.

　그리고 그의 사랑의 결실인 이데아의 임신과 분만 그리고 양육을 주관할 신성한 산실로서 아카데미아를 설립하고 운영하게 된다. 이 얼마나 놀라운 발상인가? 지에 대한 사랑을 공론화하고 모든 인간의 일생을 준비하는 공식적 지식 공급 기관을 만든다는 아이디어가 정말 대단히 기발하다.

　철학의 초자아인 플라톤이 사랑한 지의 대상은 무엇일까? 플라톤의 지의 입문서인 《향연》을 통해 우리는 플라톤이 사랑한 지가 무엇인지

감지할 수 있다. 그는 《향연》에서 소크라테스의 지혜의 스승인 디오티마의 입을 통해 사람이 사랑하는 대상을 여섯 단계로 변별함으로써, 사랑의 대상의 상이성을 피력하는 동시에 진정으로 사랑해야 할 최상의 연인을 명료화하고 있다.

1. 하나의 아름다운 육체
2. 두 개의 아름다운 육체
3. 모든 아름다운 육체
4. 아름다운 활동과 법률
5. 아름다운 것들을 배우는 것
6. 아름다움 자체를 알게 되는 것

비록 '하나의 아름다운 육체'에 대한 사랑에서 시작하지만 바로 이 사랑의 마지막 단계에 이르면, 인간은 어디에서 살아가든 '아름다움 자체'를 볼 수 있게 된다고 역설한다.

플라톤의 초자아인 소크라테스와 소크라테스의 초자아인 디오티마가 나누는 문답에서, 사람이 사랑하면서 구하는 것이 무엇인지를 묻는 대목이 있다. 이들은 나쁘거나 추한 것이 아니라 '좋은 것을 획득하는 것을 구하는 것'이라고 답을 내렸다. 곧이어 그 사람이 그것을 통해서 얻는 것이 '행복'이라고 답한다. 나아가 사랑이란 바로 '언제나 자기 자신을 위해서 좋은 것을 갖기를 원하는 것'이라고 정리한다.

사랑이 언제나 좋은 것을 갖기 원하는 것이라면, 이것을 추구하는 방법은 무엇인지도 물을 법하다. 이에 대해 디오티마는 '그것은 곧 육체로나 정신으로나 아름다운 것 속에서 출산하는 것'이라고 대답한다.

이와 같은 문답에서 더 놀라운 점은 지식도 출산된다는 그의 기발한 지식 생식론이다. 육체적 생식력이 있듯이 정신적 생식력이 있는 사람에 대해 이야기하면서 그는 연애의 신비로운 의식 과정인 지의 임신, 분만, 출산 그리고 양육의 중요성을 설파한다.

▪철학자의 연인의 원형, 소크라테스의 연애

이처럼 플라톤의 지는 소크라테스의 지에서 기원한다. 그리고 소크라테스의 지는 그의 대화 상대자의 지와 밀접한 관계를 맺는다. 이쯤에서 소크라테스의 연애론을 보아야 한다. 지의 보고인 플라톤의 대화편에 저장된 지가 과연 누구의 것인지 알기는 어렵다. 특히 그것이 대화편의 저자인 플라톤의 지인지, 아니면 그 대화편의 주인공이자 그의 스승이기도 한 소크라테스의 지인지가 애매모호하다. 그러나 그중에서도 소크라테스의 지임이 가장 확실한 지의 저장고이자 현장이 있다면, 바로 《소크라테스의 변론》이다.

지의 충실한 중매쟁이 철학자로서 소크라테스가 펼치는 연애의 절정은, 그가 지식을 얻는 자나 주는 자가 아니라 오히려 지식을 얻도록 도우는 자라는 사실에 있다. 그 자신은 신랑도 신부도 아니요 그저 이들의 만남을 주선해주는 사랑의 큐피트, 즉 중매쟁이로 머물러 있다는 것이다.

　그는 존재하는 모든 지를 포획하는, 지의 하이에나 같은 잡식성 지자 知者이기를 거부한다. 그는 존재하는 것 중에서도 다만 아름답고 선한 것 만을 연인으로 삼는다.《소크라테스의 변론》에서 알 수 있듯이 아름답고 선한 것을 알고자 하면서도 특히 대상에 있어서 외부 세계나 인간이 아 니라 바로 자기 자신을 알라고 권장한다. 자신의 외부 세계에 대한 지에 열광하던 동시대 지식인의 피상적 취향에 일격을 가한 것이다. 그뿐만 아니라 지를 향한 그의 구애도 아주 겸손하다. 무지의 자각으로 상징되 는 그의 지에 대한 겸손함은 그의 사랑을 더욱 아름답게 하고 그가 사랑 하는 대상을 더욱 빛나게 한다.

　《소크라테스의 변론》을 보면 알 수 있다. 그의 과제는 단지 동시대인 이 그들 자신의 지를 검토하는 것을 돕는 데에만 머물지 않고, 오히려 자신의 지를 검토함으로써 지의 지배를 받고 있는 자신의 삶을 검토하 도록 돕는 것이다. 나아가 자신의 삶을 검토함으로써 자신의 삶을 배려 하는 것을 도운 것이다. 자기 자신을 인식하는 것은 그 자체로 목적이 아니라 자기 자신을 배려하기 위한 과정이었던 것이다. 따라서 지의 존 재 이유는 바로 삶에 기여하는 것이었다. 이것은 지를 향한 그의 사랑이 곧 삶을 향한 사랑이었음을 명시한다.

책, 지에 대한 사랑의 산물이자 산실

철학자의 사랑의 결정체는 책이다. 또한 책은 사랑의 압축 파일이다. 책은 인간과 세상의 만남을 개념과 사상 속에 결정체로 응축한다. 개념은 철학자의 세계로 들어가는 문을 여는 키워드이자 암호다. 그렇지만 그것 자체는 철학자도 철학자의 세계도 아니다. 거꾸로 이 철학자도 이 개념과 사상 없이는 그 자신의 존재를 세상으로 송신할 수 없다. 그러므로 이 양자는 운명 공동체다.

변질된 사랑의 백신으로서 니체의 치명적 사랑: 니체라는 철학자의 연인

니체의 연애는 수많은 반전의 연속이다. 그의 연애사는 일종의 철학의 수난사다. 그는 철학에게 수많은 상처를 주면서 철학의 연인이 되었고, 철학 또한 수많은 의심과 검열을 행하고 나서야 니체를 연인으로 인정했다. 그러나 이들의 관계는 아직도 미심쩍다. 이들의 '밀당'은 현재 진행형이다. 그래서 이들의 결혼은 여전히 루머처럼 떠돌고 있는지도 모른다.

그럼에도 철학은 니체와의 불편한 관계를 통하여 자신의 새로운 정체성을 만들어갔다. 니체가 철학을 사랑한 방식은 철학에 대한 격렬한 의심과 비난에서 시작된다. 결정적으로 그는 철학의 초자아로 손꼽히는 플라톤에 대한 부정으로부터 철학과의 랑데부를 시작했다. 왜 니체는 그 껄끄러운 랑데부를 시작했을까?

나름대로 평탄한 여정을 걷고 있던 철학에 새삼스레 발을 건 이유는 무엇일까? 그것은 지 중의 지를 보유한 학문 중의 학문인 철학, 철학 중의 철학인 형이상학이 삶에 행한 배신 혐의 때문이다. 형이상학이 삶에 선고한 다양한 가치 목록에 대한 의혹이다. 아울러 삶을 병들게 하는 그것의 파괴적 가치에 대한 의혹이다.

자신의 연인인 지를 향한 사랑을 표방하는 철학에 대한 니체의 본격적인 사랑은, 삶의 가치에 관한 지를 발명·제작하는 형이상학이라는 공장에 대한 전면전 선포로 시작된다. 형이상학이라는 골리앗과 이에 도전하는 다윗의 일전인 이 전쟁사의 서막은 《도덕의 계보》에 꼼꼼하게 기록되어 있다.

그는 형이상학이라는 철학의 거대 서사에 굴복하는 대신, 그것과의 힘겨운 투쟁을 통해 철학에 대한 자신의 사랑을 실천한다. 수많은 비난과 수모에도 굴하지 않고 그는 집요하게 철학과의 매우 불편한 관계를 유지하면서 그것의 정체성에 대해 끝까지 물음을 던진다. 최고의 왕좌에 군림하던 철학에게 그것은 견디기 어려운 수모였을 터다. 그러니 철학은 오래도록 니체에게 괘씸죄를 묻는다. 지금까지도 아카데미 곳곳에 니체의 DNA가 얼마나 위험한지 경고문이 붙어 있다.

그러나 파란만장한 우여곡절 끝에 니체도 저 시련에 굴하지 않고 자기만의 사랑의 방식을 고수했으며, 철학도 니체의 물음에 귀를 기울이기 시작한다. 이것의 결정판이 바로 1968년부터 불붙기 시작한 모던과

삼각관계를 이루었던 루 살로메, 파울 리, 니체.
《차라투스트라는 이렇게 말했다》는 니체가 살
로메에게 겪은 실연이 하나의 배경이 되어 쓰
였다고 알려져 있다.

포스트모던의 논쟁이었다. 이 시련으로 철학과 니체가 스스로를 단련함
으로써 이들의 랑데부는 마침내 성사된다. 니체도 살아남고 철학도 살
아남았다. 철학이 철학자를 살해하는 일도, 철학자가 철학에 사형 선고
를 내리는 일 같은 비극도 일어나지 않았다.

· 니체의 금강석 같은 연인, '운명amor+애fati'

니체는 달콤한 목소리가 아니라 거친 망치와 폭발물로 자신의 사랑을
표현한다. 니체의 형이상학의 정수는 바로 '운명애'다. 철학자는 일찍이
자신의 불멸의 연인으로 지를 절대화했다. 그러나 니체는 이 미심쩍은
지 대신에 새로운 연인을 찾고자 혹독한 시련기를 겪었다. 그 여정에서

마침내 조우한 연인이 바로 운명애다. 니체가 사랑한 것은 더 이상 지가 아니라 운명이었다. 운명애라는 니체의 불멸의 연인이 탄생한 곳은《이 사람을 보라》에서다.

> 인간에게 있는 위대함에 대한 내 정식은 운명애다: 앞으로도, 뒤로도 영원토록 다른 것은 갖기를 원하지 않는다는 것. 필연적인 것을 단순히 감당하기만 하는 것이 아니고, 은폐는 더더욱 하지 않으며 모든 이상주의는 필연적인 것 앞에서 허위다. 오히려 그것을 사랑하는 것 ⋯⋯《이 사람을 보라》, 373~374쪽.

'앞으로도, 뒤로도 영원토록 다른 것은 갖기를 원하지 않는 것'으로서 사랑의 서약의 무게를 드러내고 있다. 나아가 그는 운명을 포기하거나 거부하거나 파괴하는 대신 최선을 다해 그것을 사랑하고자 한다. 그러나 오랫동안 운명은 인간의 숙적이었다. 인간뿐만 아니라 신조차도 싸워서 백전백승을 자랑하는 존재가 무엇인가? 그것은 바로 운명의 여신, '모이라'다. 수많은 영웅이 이 운명과 일전을 벌였다가 처참한 비극의 주인공으로 사라졌다.

평범한 이에게 운명은 대결이나 극복 대상이 아니라 회피나 복종의 대상이다. 그러나 놀랍게도 니체는 운명을 적이 아닌 연인으로 삼는 반전을 자신의 비극 플롯으로 설정한다. 그리고 그 주인공으로서의 인간 정신의 위대함의 정식을 '운명애'라는 개념에 압축했다. 지금 우리가 볼 수 있도록.

·운명의 연인의 정체: 동일한 것의 영원 회귀

사랑할 연인인 '운명'의 DNA의 산실은 《즐거운 학문》이다. 운명이란 무엇인가? 그것은 바로 '동일한 것'이다. 바뀌지 않고 내 삶에 영원히 회귀하는 것, 그리하여 그것으로부터 탈주할 수 없는 것이 운명이 아니고 무엇이겠는가. 그래서 운명이라고 하면, 우선 끔찍스럽고 몸서리쳐진다. 그렇다면 니체의 말을 통해 '동일한 것의 영원 회귀' 사상의 정수를 들여다보자.

> 최대의 중량. 어느 날 낮, 혹은 어느 날 밤에 악령이 너의 가장 깊은 고독 속으로 살며시 찾아들어 이렇게 말한다면 그대는 어떻게 하겠는가: '네가 지금 살고 있고, 살아왔던 이 삶을 너는 다시 한 번 살아야만 하고, 또 무수히 반복해서 살아야만 할 것이다; 거기에 새로운 것이란 없으며, 모든 고통, 모든 쾌락, 모든 사상과 탄식, 네 삶에서 이루 말할 수 없이 크고 작은 모든 것들이 네게 다시 찾아올 것이다. …… '너는 이 삶을 다시 한 번, 그리고 무수히 반복해서 살기를 원하는가?'라는 질문은 모든 경우에 최대의 중량으로 그대의 행위 위에 얹힐 것이다! 이 최종적이고 영원한 확인과 봉인 외에는 더 이상 아무것도 요구하지 않기 위해서, 그대 자신과 그대의 삶을 어떻게 만들어나가야만 하는가! 《즐거운 학문》, 314~315쪽.

운명은 무거운 것이다. 인간에게 있어 최대 중량을 가진 가장 무거운 것이 바로 인간의 운명이다. 그런데 니체에게는 이 무거운 것이 바로 인간이 사랑할 연인이다. 우리 각자에게 최대 중량은 무엇일까? 우리를 한없이 짓누르고 옭아매는 것이다. 우리가 거부할 수도 피할 수도 없는 것을 두고 니체는 "너는 이 삶을 다시 한 번, 그리고 무수히 반복해서 살기를 원하는가?라는 질문"이라고 한다. 그리고 바로 이것이 최대 중량으로 우리의 행위 위에 얹힐 것이라고 경고한다.

이 질문은 때로는 마치 천사의 축복처럼, 때로는 악마의 저주처럼 들리기도 할 것이다. 전자는 지금의 삶을 최상의 삶이라고 생각하는 사람에게, 그리고 후자는 최악이라고 생각하는 사람에게 그렇게 들릴 것이다. 과연 지금 주어진 이 삶이 영원히 반복되기를 바라는 이가 몇 명이나 될까? 설령 전자의 경우라 하더라도 다만 지금의 삶의 조건이 때마침 좋아서 그런 것이라면 주어진 조건이 바뀔 경우에 순식간에 후자로 역전될 것이다.

▪ '운명'을 연인으로 할 수 있는 사람으로서의 위버멘슈

그렇다면 도대체 저 운명을 어쩌란 말인가? 니체의 예리한 통찰력이 빛을 발하는 운명애는 인간이 짊어지고 가기에는 너무 무거운 짐 아닐까? 운명은 폭력처럼 인간을 엄습해오는데, 이 거대한 힘 앞에 초라하게 무너지기 일쑤인 나약한 인간이 저 거대한 운명을 과연 사랑할 수 있을까? 혹시 피하는 것이 상책이고 직면하는 것이 하책은 아닐까?

피할 수 있었다면 그것을 운명이라고 부르진 않았을 것이다. 피할 수 없으니까 사랑하라고 하지 않았겠는가. 피할 수 없는 것을 거부하거나 증오하거나 그것과 싸운다면, 그 자체가 인간에게는 또 하나의 지옥이 아니겠는가. 그러므로 인간에게 남은 최후의 선택, 그래서 그것은 최선의 선택이자 최악의 선택일 수밖에 없는, 운명에 대한 사랑은 위대한 정식이자 위험한 선택이기도 하다.

이 위대하고도 위험한 운명에 인간이 직면하는 양식을 니체가 어떤 시각으로 주목하는지 살펴봄으로써 운명애의 비법을 한 수 배워보자. 그것은 바로 《차라투스트라는 이렇게 말했다》에서 극적으로 묘사되고 있는데, 위험천만한 높이에 걸린 오직 한 가닥의 밧줄 위에서 펼쳐지는 곡예의 장면과 중첩적인 방식을 통하여 은유적으로 묘사된 장면이다. 그것은 광대의 줄타기와 차라투스트라가 사람^{Mensch}에게 가르치고자 한 위버멘슈^{Übermensch}(극복인, 포월인)가 행하는 은유적 줄타기를 묘사한 것이다.

나는 너희에게 위버멘슈를 가르치노라. 사람은 극복되어야 할 무엇이다. 너희들은 너희 자신을 극복하기 위해 무엇을 하였느냐.

지금까지 존재하는 모든 것들은, 자신을 뛰어넘어 그들 이상의 것을 창조해왔다. 그런데도 너희들은 이 거대한 밀물을 맞이하여 썰물이 되려, 자신을 극복하기보다는 오히려 짐승으로 되돌아가려 하는가?

사람에게 원숭이는 무엇인가? 일종의 웃음거리가 아니면 일종의 견디기 힘든 부끄러움이 아닌가. 위버멘슈에 대해서는 사람이 그렇다. 일종의 웃음거리 또는 일종의 견디기 힘든 부끄러움일 뿐이다.

……

보라. 나는 너희들에게 위버멘슈를 가르치노라!

위버멘슈가 대지의 뜻이다. 너희들의 의지로 하여금 말하도록 하라. 위버멘슈가 이 대지의 뜻이 되어야 한다고!

나의 형제들이여, 맹세코 이 대지에 충실하라. 하늘에 대한 희망을 설교하는 자들을 믿지 말라! 그들은 그들 스스로가 알고 있든 모르고 있든 간에 사람들에게 독을 타 화를 입히는 자들이다. 《차라투스트라는 이렇게 말했다》. 16~17쪽.

니체의 말이면 족할 것이다. 그러나 그의 말을 좀 더 반추할 수 있도록 도울 보충어가 필요하다.

·인간은 '줄 타는 광대'인가 '위버멘슈'인가?

이렇게 차라투스트라가 위버멘슈를 가르칠 때, 우리를 대신해 군중 속의 어떤 자가 외친 소리는 "줄 타는 광대에 관해서는 이미 들을 만큼 들었으니 이제 그 모습을 보여달라"는 요구였다. 이는 차라투스트라에게 더 이상 위버멘슈를 말이 아니라 실재로 보여달라는 요구였다. 그러나 줄 타는 광대는 이 말이 자신에게 했으리라 착각하고 곡예를 시작한다.

이다음 순간에 어떤 장면이 펼쳐질까?

> 사람은 짐승과 위버멘슈 사이를 잇는 밧줄, 하나의 심연 위에 걸쳐 있는 하나의 밧줄이다.
>
> 저편으로 건너가는 것도 위험하고, 건너가는 과정, 뒤돌아보는 것, 벌벌 떨고 있는 것도 위험하며, 멈춰 서 있는 것도 위험하다.
>
> 사람에게 위대한 것이 있다면 그것은 그가 목적이 아니라 하나의 교량이라는 점이다. 사람에게 사랑받아 마땅한 것이 있다면, 그것은 그가 하나의 과정Übergang이요 몰락Untergang이라는 점이다. 《차라투스트라는 이렇게 말했다》, 19~20쪽

왜 외줄 위인가? 그것은 운명애의 직면 순간이 외줄 위와 같기 때문일 터다. 운명과 조우하는 순간은 마치 외나무다리 위에서, 즉 전혀 옆으로 피할 여지가 없는 조건에서 원수를 만난 양 그렇게 삶에 출현한다. 널찍하기만 하던 길 위가 순식간에 외줄 위, 그것도 심연, 즉 천 길이나 되는 낭떠러지 위의 외줄 위로 순식간에 축소된다는 뜻이다. 삶은 절체절명의 위기 순간을 맞이한다. 그저 지루하고 단조롭기 짝이 없던 일상이 이제 사느냐 죽느냐의 결단을 요구하는 치명적 전쟁터로 탈바꿈한다.

이 순간에 우리 인간, 우리 어설픈 인간, 삶이 참으로 서툰 인간에게

남은 옵션은 무엇일까? 니체는 이 물음에 어떤 대답을 찾았을까?

니체는 밧줄 위로 올라가는 수직적 초월인이 아니라 옆으로 건너가는 수평적 이동인을 설파한다. 이 이행은 아래에서 위로가 아니라 수평적 공간에서의 이동이거나 오히려 여기에서 아래로의 이동이다. 이러한 이동은 대지와는 다른 하늘나라로 초월하는 사람에 대한 숭배와 변별되는 지점이다. 뿐만 아니라, 이편의 건너편에 도달하는 것이 아니라 가는 과정 자체를 중시한다는 점도 환기할 필요가 있다.

▪ 니체의 연인의 17가지 변용태와 이유

하지만 위버멘슈에 관한 구체적 사상은 바로 다음에 펼쳐진다. 플라톤이 자신의 대화편인 《향연》에서 펼쳤던 사랑론의 패러다임의 놀라운 반전을 능가하는 재반전으로서 《차라투스트라는 이렇게 말했다》의 사랑에 관한 말들을 보자. 위버멘슈의 화신이라고 할 수 있는 차라투스트라의 입을 통하여 그는 자신이 사랑하는 연인의 열일곱 가지 변용태과 이유를 제시하고 있다. 이 변용태는 바로 운명을 사랑하는 열일곱 가지 방법이기도 하다. 여기선 3순위까지 보자.

그의 연인의 1순위는 '몰락하는 자^{Untergehende}'다. 이 존재를 사랑하는 이유는 그가 바로 저편으로 건너가고 있는 자들^{Hinübergehenden}이기 때문이다. 2순위는 '위대한 경멸자들'이다. 이들이야말로 '위대한 숭배자요, 저편의 물가를 향한 동경의 화살'이기 때문이다. 세 번째로 사랑하는 존재는 바로 '왜 몰락해야 하며 재물이 되어야 하는지, 그 까닭을 먼저 저 멀리 별들 뒤편에서 찾는 대신 언젠가 이 대지가 위버멘슈의 것이 되도록 이 대지에 헌신하는 자'다.

니체의 연인이 지닌 매력의 공통점은 바로 과정인이라는 점이다. 첫 번째 연인상에서 볼 수 있듯이 '몰락하는 자'이자 '저편으로 건너가고 있는 자들'이란 엄밀히 표현하자면, 이미 몰락한 자가 아니라 몰락하는 중인 자이며 이미 저편으로 이행한 자가 아니라 저편으로 이행 중인 자다. 그런 의미에서 그는 이행 중인 자이자 과정 중에 있는 자다. 이행 중인 그는 완료형이 아니라 순수 진행형이다. 그것은 바로 완료형 인간 유형인 최후의 인간der letzte Mensch과 차별화되는 인간으로서의 위버멘슈를 통해 역설하고자 하는 니체의 연인만이 지닌 매력이다.

그의 열일곱 번째 연인상을 보자.

나는 사랑하노라. 사람들 위에 걸쳐 있는 먹구름에서 한 방울 한 방울 떨어지는 무거운 빗방울과 같은 모든 자를. 그런 자들은 번갯불이 곧 닥칠 것임을 알리며 그것을 예고하는 자로서 파멸해가고 있는 것이다. 《차라투스트라는 이렇게 말했다》. 20~22쪽.

그의 마지막 연인은 번갯불이 곧 닥칠 것임을 알리는 자이자 그것을 알리는 자로서 파멸해가는 자다. 이 마지막 연인은 바로 번갯불, 곧 위버멘슈의 도래를 알리는 자다. 그것은 곧 니체의 연인이자 인간의 연인인 니체일 것이다.

· 니체가 경멸하는 연인, 최후의 인간

과연 우리는 지금 위버멘슈인가? 위버멘슈 중인가? 아니면 위버멘슈의 도래를 알리는 자인가? 아니면 탑과 탑 사이에 쳐진 밧줄을 타고 있는 광대인가? 아니면 그를 가슴 졸이며 보는 광장의 구경꾼인가?

니체가 사랑하는 연인이 바로 운명애이고 운명을 사랑하는 양식을 드러내는 존재가 바로 위버멘슈인 것에 반해서, 니체가 경멸하는 인간은 운명을 위장하거나 거부하거나 은폐하는 자다. 때문에 니체는 인간이 완료형이나 과거형이 되는 것에 탄식한다. 이 탄식의 극점에 바로 행복을 이미 찾아냈다고 믿고 있는 자, 그리하여 더 이상 이행도 진행도 멈춘 자인 최후의 인간이 있다.

> 나는 그들에게 더없이 경멸스러운 것이 무엇인가를 말하겠다. 최후의 인간이 바로 그것이다. …… 슬픈 일이다! 사람이 더 이상 그 자신 위로 동경의 화살을 쏘지 못하고, 자신의 활시위를 울릴 줄도 모르는 그런 시기가 머지않아 오고 말 것이다. …… 보라! 나는 너희에게 최후의 인간을 보여주겠다.
>
> "사랑이란 무엇인가? 창조란 무엇인가? 동경이란 무엇인가? 별이란 무

엇인가?" 최후의 인간은 이렇게 묻고 눈을 깜박인다.

이 대지는 작아졌으며 그위로 모든 것을 작게 만드는 최후의 인간이 뛰어 다니고 있다. 이 종족은 벼룩이와도 같아서 근절되지 않는다. 최후의 인간이 가장 오래 산다.

"우리는 행복을 찾아냈다." 최후의 인간이 이렇게 말하고는 눈을 깜빡인다. 《차라투스트라는 이렇게 말했다》, 23~24쪽.

최후의 인간은 사물, 존재, 그리고 이들로 이루어진 세계에 마침표를 찍는 존재다. 더 이상 어떤 새로운 것도 기대하거나 동경하지 않고 모든 것을 미리 단정한 자다. 그의 세상은 이미 결정되어 있다. 나쁜 것은 이미 나쁜 것이고, 좋은 것은 이미 좋은 것이며, 추한 것은 이미 추하고, 아름다운 것은 이미 아름다운 것이다. 그의 세계에는 더 이상 달라질 것도 새로워질 것도 없다. 최후의 인간에게는 모든 것이 이미 자신의 최후의 모습으로 세계에 있다.

운명의 변신으로서 목동의 입속으로 들어간 검은 뱀

니체는 차라투스트라의 말을 통해서 무엇을 말하고자 하는가? 그는 무엇을 가르치고자 하는가? 이 책은 니체가 모두를 위한 책이자 그 누구도 위하지 않은 책으로 선언한 책이다. 모두를 위한 지이자 그 누구도 위하지 않는 지를 담고 있는 역설적 책에서 나는 니체의 위버멘슈를 배운다.

니체의 책은 자신이 사랑한 것을 가리키는 손가락이며, 그의 연애사의 절정은 그가 운명을 사랑하는 데에 이행해야 하는 교량이자 밧줄에 관한 이야기의 마지막 부분이다. 바로 곤히 잠든 목동의 입속으로 들어가고 있는 검은 뱀에 관한 이야기다. 그것은 가장 피하고 싶고 끔찍스럽고 소름끼치는 운명 중의 운명이다. 그것은 인간의 가장 불편하고 불쾌하고 치명적인 필연성 중의 필연성으로 무장한 삶의 역겨운 진실에 관한 이야기다.

니체가 인간에 대한 그의 서사시인 〈환영과 수수께끼에 대하여〉 편에서 펼친, 이 장면에 대한 절묘하기 그지없는 묘사를 보자. 이 장면은 읽는 이에게 소름끼치는 장면을 소리 없는 말로 읽어준다.

그런데 거기에 어떤 사람이 누워 있는 것이 아닌가! 그리고 거기에 바로 그 개가 날뛰면서, 털을 곤두세우고 낑낑대고 있는 것이 아닌가! 개는 다가오는 나를 보고 또다시 짖어댔다. 그리고 부르짖었다. 내 일찍이 어떤 개가 이처럼 도움을 간청하여 짖어대는 것을 본 적이 있던가?

정말이지 내가 그때 보았던 것, 그와 같은 것을 나는 일찍이 본 적이 없다. 몸을 비틀고 캑캑거리고 경련을 일으키며 얼굴을 찡그리고 있는 어떤 젊은 양치기가 눈에 들어온 것이다. 그의 입에는 시커멓고 묵직한 뱀 한 마리가 매달려 있었다.

내 일찍이 인간의 얼굴에서 그토록 많은 역겨움과 핏기 잃은 공포의 그림자를 본 적이 있었던가? 그는 잠을 자고 있었던가? 그의 목구멍으로 그 뱀이 기어 들어가 목구멍을 꽉 문 것이다.

도대체 젊은 양치기는 누구이며 저 시커멓고 묵직한 뱀은 무엇인가? 왜 검은 뱀은 양치기의 목구멍을 물고 있을까? 이제 양치기는 어떻게 되었을까? 그리고 그 검은 뱀은 어디에 있는가? 이것은 더없이 고독한 자가 본 환영임을 니체는 역설하고 있다. 니체는 차라투스트라의 입을 통하여 묻는다.

수수께끼를 좋아하는 자들이여!
자, 내가 그때 본 이 수수께끼를 풀어달라! 이 더없이 고독한 자가 본 환영을 설명해달라!
그것은 하나의 환영이며 예견이었으니 말이다. 나는 그때 비유 속에서 무엇을 보았던가? 그리고 언젠가는 반드시 나타나야 하는 그 사람은 누구인가?
입속으로 기어 들어온 뱀에 물린 그 양치기는 누구인가? 더없이 무겁고 검은 것이 그 목구멍으로 기어 들어가게 될 그 사람은 누구인가?
양치기는 내가 고함을 쳐 분부한 대로 물어뜯었다. 뱀 대가리를 멀리 뱉어내고 벌떡 일어났다.
그는 이제 더 이상 양치기나 사람이 아닌, 변화한 자, 빛으로 감싸인 자가 되어 웃고 있었다! 지금까지 이 지상에서 그와 같이 웃어본 자는 없었다!

오, 나의 형제들이여, 나는 사람의 것이 아닌 그 어떤 웃음소리를 들었다. 이제 어떤 갈증이, 결코 잠재울 수 없는 동경이 나를 사로잡고 있다. 이 같은 웃음에 대한 동경이 나를 사로잡고 있는 것이다. 아, 어떻게 나는 나의 삶을 견뎌낼 수 있는가! 어떻게 나는 지금 죽어야 한다는 것을 견뎌낼 수 있는가!

차라투스트라는 이렇게 말했다 Also sprach Zarathustra.

우리에게 때로는 매우 끔찍한 형상으로 출몰하는 운명은 삶이 인간에게 내는 수수께끼이자 세계 속에 살고 있는 인간에게 세계가 요구하는 집세와도 같다. 세계의 거주자로서 인간에게 요구되는 사용료다. 이 사용료는 이 세계에서 인간이 비로소 주민권을 얻는 관문이자 인간도 이 세계를 더 이상 남의 집 셋방살이가 아니라 내 집으로 마침내 인정하게 되는 관문이다. 이 관문을 통해 인간과 세계는 마침내 식구가 된다.

그러니 그 집세를 지불하는 과정이 그렇게 녹녹할 리가 없다. 운명은 역설적이게도 운명을 사랑하기 위해 인간이 건너야 할 교량이자 그러기 위해서 제작해야 할 교량이다. 그것은 또한 그 교량을 건너는 인간 자체이기도 하다. 그러니 수수께끼로서 운명은 삶의 목적지이자 과정이자 출발점이자 바로 삶 자체다. 그러니 당연히 교량을 건설하기 시작할 때 비로소 인간은 위버멘슈가 되기 시작할 수 있고, 교량이 완성되는 과정 속에서 인간은 위버멘슈가 되는 과정을 겪는다.

운 하늘의 별들처럼 그의 텍스트 속에서 반짝거린다.

• 포월인으로서 위버멘슈의 구애법:
운명의 리듬에 맞추어 부르는 노래와 뛰노는 춤

운명과 나의 조우는 운명이 나를 통해 부르는 노래, 내가 운명의 리듬에
맞추어 추는 춤이다. 푸시킨은 "삶이 그대를 속일지라도 슬퍼하거나 노
여워하지 말라! 슬픈 날을 참고 견디면 기쁜 날이 오고야 말리니"라고
말했다. 위버멘슈라 해도 늘 삶을 사랑하지는 않는다. 때로는 미워하고
때로는 증오하고 때로는 찬미하고 또 때로는 절망하고 때로는 희망할
것이다. 우리와 삶의 관계는 애증의 다양한 변주곡을 연주한다. 우리는
삶에 의해 상처를 입기도, 위로를 받기도 한다. 삶은 우리를 배신하기도
하고 예기치 않았던 선물을 주기도 한다.

　낯가림이 심한 사람이라면 이 삶을 살아내기가 쉽지만은 않다. 우리
는 삶에 주눅 들고 쫄고 멘붕에 빠져서 비관론자가 되기도 한다. '유리
멘탈'이 되어 거리를 배회하거나 방 안에 고립되어 좀비로 살기도 한다.
그러다가 어떤 때는 삶이 준 달콤한 향기에 취해서 맹목적 낙관론자가
되기도 한다. 그러나 이러한 것들 중 어느 하나도 삶이 아닌 것은 없다.
그 모두가 우리와 삶이 추는 춤이고 부르는 노래다.

　우리는 필연적으로 유리가 아닌 '메탈 멘탈'을 꿈꾼다, 덜 상처받기
위하여. 심지어는 고통에서 자유롭기 위하여 고통에 대한 감수성을 마

비시킴으로써 쾌快에 대한 감수성을 희생물로 바치기도 한다. 삶에 배신 당하지 않기 위하여 우리에게는 무엇이 필요할까? 삶을 연인으로 맞이 하여 백년해로할 수 있는 비법은 무엇일까?

삶에 휘둘리지도 생명의 위협을 받지도 않을 가장 안전하면서도 효과 적인 슈퍼백신은 무엇일까? 그 백신 중 하나가 바로 철학일 것이다. 철 학은 삶의 공포나 유혹에서 우리를 지키는 것에 삶을 소모하는 대신 그 삶의 공포나 유혹, 즉 운명을 나의 밖에서가 아니라 운명과 대면하고 있 는 내 자신의 한계 안에서 찾고, 그 한계와 투쟁하는 대신에 그것과 춤 을 추는 아주 지혜롭고 아름다운 방식이다. 그것은 마치 운명과도 같은 땅 위를 뛰어서 이행하는 벼룩과는 달리 그 땅을 온몸으로 기어서 이행 하는 달팽이가 추는 포월怖越(기어서 넘다)의 춤이다. 그것이 바로 니체적 인 철학의 존재 양식이자 사랑법일 것이다.

·운명애의 결실:
허무주의로 사라진 인간과 세계의 재탄생

인간이 철학이라는 중매쟁이를 통하여 삶의 불멸의 연인이 되고, 삶은 인간의 불멸의 연인이 됨으로써 둘의 사랑은 해피엔딩으로 끝나는가? 아니 끝나는 대신에 오히려 그렇게 삶은 계속되는 것이다. 삶이라는 네 버 엔딩 스토리 자체는 바로 우리와 운명이 공동으로 쓰는 이야기이다. 삶이라는 무대 위에서 우리를 통해 운명은, 운명을 통해 우리는 서로의 한계를 포월해간다.

그렇지만 이 스토리 속의 우리는 더 이상 비천하지도 외롭지도 않다. 그리고 운명 또한 어떤 괴물이나 신도 아니다. 결국 우리의 무쇠 손아귀 같은 운명을 가장 아름답게 포월할 수 있는 최고의 방법이 바로 사랑이 아닐까? 마치 악몽과도 같은 공포로 인하여 좁혀졌던 외줄로 된 길이 이제 사랑을 통해 기적처럼 조금씩 자신의 넓이를 회복함으로써 다시 넓혀질 것이다. 사랑으로 마련된 기름지고 넉넉한 넓이를 가진 그 땅에서는 저 하늘나라의 이상적인 인간이 아니라 오히려 인간적인 너무나 인간적인 인간과 세계가 탄생할 것이다. 이들은 피안의 세계가 아니라 바로 우리가 살고 있는 지금 여기서 부르는 나의 노래와 춤을 통해서 태어난다.

ㆍ철학자가 사랑하고 사랑받는 불멸의 연인, 삶

철학자의 불멸의 연인이 지식인 이유는 단지 그 지식이 삶을 조형하는 결정적 변수일 수 있기 때문이다. 지에 대한 그토록 집요한 구애는 바로 삶이라는 운명의 교량을 만드는 설계도를 마련하기 위함이다. 《차라투스트라는 이렇게 말했다》의 〈읽기와 쓰기에 대하여〉 편에서 글에 관해서 니체는 다음과 같이 쓴다.

모든 글 가운데 나는 피로 쓴 것만을 사랑한다. 글을 쓰려면 피로 써라.

그러면 너는 피가 곧 정신임을 알게 될 것이다.

다른 사람의 피를 이해하기란 쉽지 않다. 그래서 나는 게으름을 피우며 책을 읽는 자를 미워한다.

《비극의 탄생》에서 전하고 있듯이 학문을 예술의 눈으로, 그 예술은 다시 삶의 눈으로 보고자 한 니체 철학의 정수는 바로 학문이란 삶을 위해 존재하는 것임을 역설하는 데에 있다. 진리에의 의지는 삶에의 의지에 봉사해야 한다.

과연 삶을 결정하는 운명은 운명인가? 나의 운명은 진짜 운명인가 아니면 위장한 운명인가? 때로 운명이라는 가면을 쓴 얼치기 운명이 혹시 운명 행세를 하지는 않을까? 과연 내가 운명이라고 믿는 것은 진정 철저히 필연성의 지배하에 있는가? 한 치의 우연의 틈도 없이 완전무결하게 필연성에 속할까?

니체는 어떤 의심의 그림자도 깃들어 있지 않은 듯 고고하게 진리로 자처하고 있는 것들을 숭상하는 대신 의심을 통해 대결했으며, 마침내는 망치와 폭발물로 상징되는 강력한 지들을 통하여 그들과 일전을 치렀다. 이것이 그가 지를 사랑한 방법이었고, 그의 운명애의 여정이었다. 이것은 또한 철학자인 동시에 한 인간인 니체가 직면했던 운명이었을 터다. 철학은 결코 삶과 유리되지 않을 때 비로소 철학일 터이므로, 삶 또한 철학과 유리되지 않을 때 저 위장된 진리로부터 자신을 지켜갈 수 있다.

《차라투스트라는 이렇게 말했다》에 영감을 준 니체 바위. 스위스의 한 마을인 수를레이 근처에 있다.

어쩌면 운명이라는 말은 형이상학이 인간에게 하는 최후의 거짓말일지도 모른다.

과연 예외 없이 필연적인 것이 있을까?

그것 이외에는 달리 있을 수 없는 것이 과연 있을까?

필연성이란 혹시 달리 있을 수 있음에도 필연성을 꿈꾸는 위장된 우연성의 겁박에 의해서 강요된 허약한 우연성의 부풀려진 그림자는 아닐까?

오히려 필연성으로 무장한 듯한 삶조차도 자신의 영토에 켜켜이 다양한 우연을 감추어두고 언젠가는 필연성의 그림자에 눈이 먼 최후의 인간에 의해 자신이 발견되기를 기다리고 있지는 않을까? 그러기에 어쩌면 우리가 사랑하고 싶은 운명은 크고 작은 우연으로 나를 초대할 줄 아는 솔직한 필연성 아닐까?

사랑에 빠지면 사랑에 취해 연인 이외에는 누구도 눈에 들어오지 않는 기이한 현상을 동반한다. 연인이 전경으로 다가올수록 주변의 사물은 후경으로 밀려난다. 그렇다면 사랑은 정녕 존재를 얻는 일인가, 잃는 일인가?

사랑의 끝은 해피엔딩도 새드엔딩도 그리고 그저 허탈한 허기엔딩도 가능하다. 그러나 사랑이 끝나도 사랑은 지나가지 않고 세상을 읽는 새로운 심장으로 자신을 세상에 남기지 않는가? 철학자의 연애 또한 그렇게 자신을 세상에 남기지 않을까? 니체가 운명애를 우리에게 남겼듯이 그렇게 철학자는 때로는 독백으로 때로는 대화로 운명의 리듬에 맞춰 중얼중얼, 끄적끄적하지 않는가? 모두를 위한 그러나 그 누구도 위하지 않은 책을 쓰면서.

참고 문헌

- 프리드리히 니체, 《니체 자서전: 나의 여동생과 나》, 김성균 옮김, 까만양, 2013.
- 프리드리히 니체, 《도덕의 계보》, 김정현 옮김, 책세상, 2002.
- 프리드리히 니체, 《이 사람을 보라》, 백승영 옮김, 책세상, 2005.
- 프리드리히 니체, 《즐거운 학문》, 안성찬·홍사현 옮김, 책세상, 2005.
- 프리드리히 니체, 《차라투스트라는 이렇게 말했다》, 정동호 옮김, 책세상, 2000.
- 플라톤, 《소크라테스의 변론》, 천병희 옮김, 숲, 2012.
- 플라톤, 《향연》, 박희영 옮김, 문학과지성사, 2003.